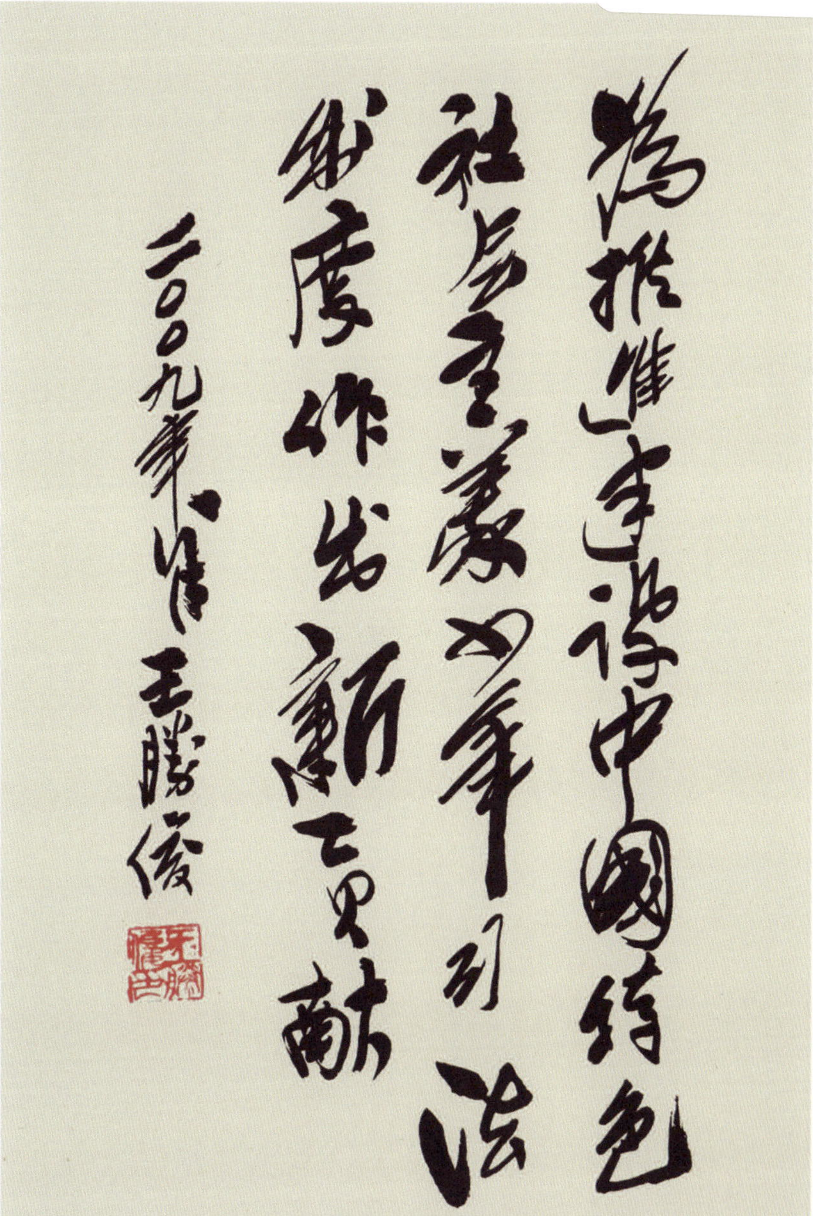

中国少年司法

2022 年第 1 辑 （总第 51 辑）

杨万明 主编

最高人民法院少年法庭工作办公室 编

人 民 法 院 出 版 社

图书在版编目（CIP）数据

中国少年司法. 总第51辑 / 杨万明主编 ; 最高人民法院少年法庭工作办公室编. -- 北京 : 人民法院出版社, 2023.7

ISBN 978-7-5109-3721-7

Ⅰ. ①中… Ⅱ. ①杨… ②最… Ⅲ. ①青少年犯罪－司法制度－研究－中国 Ⅳ. ①D926.8

中国国家版本馆CIP数据核字(2023)第014152号

中国少年司法　2022 年第 1 辑（总第 51 辑）

杨万明　主编

最高人民法院少年法庭工作办公室　编

责任编辑　丁丽娜　**执行编辑**　杨晓燕

出版发行　人民法院出版社

地　　址　北京市东城区东交民巷 27 号（100745）

电　　话　（010）67550508（责任编辑）　67550558（发行部查询）

65223677（读者服务部）

客服 QQ　2092078039

网　　址　http://www.courtbook.com.cn

E-mail　courtpress@sohu.com

印　　刷　三河市国英印务有限公司

经　　销　新华书店

开　　本　787 毫米×1092 毫米　1/16

字　　数　174 千字

印　　张　12.5

版　　次　2023 年 7 月第 1 版　2023 年 7 月第 1 次印刷

书　　号　ISBN 978-7-5109-3721-7

定　　价　68.00 元

《中国少年司法》
编辑委员会

目　录

【规范性文件】

【地方工作】

【典型案例】

【地方案例选登】

【最新立法司法动态】

【统计分析】

【领导讲话】

人民法院未成年人司法保护工作

最高人民法院副院长　杨万明

编者按：少年儿童事业事关亿万家庭的幸福安宁，事关国家和民族的未来。做好未成年人司法保护工作，关键在于牢固树立和准确把握少年审判理念。全国“两会”期间，全国人大代表、最高人民法院副院长杨万明就未成年人司法保护工作接受《新京报》《北京青年报》《南方都市报》等媒体专访。

一、法院如何确保家庭教育令获得落实

2022年1月1日，《家庭教育促进法》开始正式实施，将家庭教育由传统的“家事”，上升为新时代的“国事”，开启了“依法带娃”的时代。1月6日，湖南省长沙市天心区人民法院发出第一份家庭教育令，引发社会热议和广泛好评。

《家庭教育促进法》明确规定父母在家庭教育中应当承担主体责任。同时，明确了父母在家庭教育中具体该做什么、该怎样做。例如，父母不能只管孩子“吃饱喝足有衣穿”，还要加强亲子陪伴，即使父母分居或者离异，也不能免除这些责任和义务。就父母而言，家庭教育的主体责任是一项全方位的责任，是一项法律责任。如果父母怠于履行家庭教育责任，或者不正确实施家庭教育，都要承担相应的法律责任。人民法院在办理案件过程中可以根据具体情况发出家庭教育令，责令父母接受家

庭教育指导。

家庭教育令是人民法院严格贯彻落实《家庭教育促进法》的一项重大探索，是人民法院充分发挥审判职能作用，配合政府及其有关部门建立家庭教育工作联动机制，共同做好家庭教育工作的一项实践创新。家庭教育令有利于依法纠正父母怠于履行家庭教育责任、不正确实施家庭教育以及其他侵害未成年人合法权益的行为；有利于督促父母为未成年人提供良好的家庭环境，促进未成年人健康成长；有利于发挥家庭立德树人第一学校的作用，发挥家教家风在基层社会治理中的作用，符合人民群众对家庭家教家风建设的新要求、新期待。

《家庭教育促进法》实施后，全国各级法院迅速贯彻落实，很多法院依法作出了家庭教育令，一些法院单独或会同有关部门出台了实施细则、建立了家庭教育指导工作站，邀请有关专业人员共同对父母开展家庭教育指导，取得了非常好的效果。与此同时，最高人民法院也注意到，全国各地法院发出的家庭教育指导令在名称、形式、内容和适用情形等方面还不统一，执行的方式以及不履行的法律后果缺乏明确规范。对此，最高人民法院已着手对家庭教育令问题调研规范，进一步对人民法院开展家庭教育指导的适用情形、形式内容、执行方式以及不履行的法律后果等方面完善规范，确保法律准确、统一、有效实施。最高人民法院也将加强跟踪问效，防止形式主义，推动各地法院积极引入未成年人教育社会支持体系，探索组建专业化的家庭教育指导队伍、规范化的家庭教育指导工作机制，丰富家庭教育指导形式，确保家庭教育指导取得实效。

二、未成年人犯罪呈现的趋势与特点

近年来，全国法院每年判处的未成年罪犯人数约在3.2万人至3.5万人之间，占同期全部刑事罪犯的2%至2.5%，呈现出相对平稳、略有下降的趋势。

从犯罪类型看，未成年人犯罪的案件类型相对比较集中，以侵犯财产犯罪和暴力犯罪为主，主要集中在盗窃、抢劫、故意伤害、寻衅滋事、聚众斗殴等罪名。未成年人犯强奸罪、诈骗罪的数量有所上升。从受教育程度看，未成年人罪犯的文化水平相对较低，初中及以下文化水平占比较高，相当一部分没有接受完成义务教育即辍学进入社会，普遍缺乏谋生技能，没有正当职业和稳定经济来源，在经济窘迫时极易走上犯罪道路。从作案形式看，未成年人共同作案、结伙作案的特征较为明显，占未成年人罪犯的30%左右。同时，受互联网、网络游戏中不良因素影响，部分未成年人犯罪呈现模仿特征。从处刑情况看，人民法院认真贯彻“教育为主、惩罚为辅”的方针，对未成年人犯罪坚持宽容但不纵容，其中被判处五年以上徒刑等重刑的比例占10%左右，适用非监禁刑的占比在20%~25%。

未成年人犯罪的总量虽然不大，但是社会各方面高度关切，牵动着每个家庭的神经。通过对近年来案件的分析可以看出，未成年人犯罪的原因是多方面的、复杂的。既有社会高速发展转型的原因，也有社会管理不完善的原因；既有家庭失管失教的原因，也有未成年人自身的原因。

从司法实践看，问题孩子往往出自问题家庭。家庭教育缺位、失当，是导致孩子实施不良行为或违法犯罪行为的重要原因之一。为更好地实施家庭教育，促进未成年人健康成长，全国人大常委会通过了《家庭教育促进法》，自2022年1月1日起正式实施。这部法律中既有开展家庭教育的具体指引，也有对实际问题的明确规范。广大家长一定要认真学习这部法律，努力掌握家庭教育的正确理念、知识和方法，用正确思想、方法和行为教育未成年人养成良好思想、品行和习惯，预防孩子走上违法犯罪的道路。

预防未成年人犯罪，是一项系统工程，需要全社会共同努力。人民法院将充分履行审判职责，同时加强与有关方面的协作配合，促进“六大保护”紧密衔接、形成合力，共同为未成年人健康成长营造良好的社会环境。

三、人民法院在教育、感化、挽救失足未成年人方面的措施

未成年人犯罪，往往跟他们心智发育还不成熟、辨认和控制能力还不健全有关。因此，法律规定，对未成年人犯罪，应当坚持教育、感化、挽救方针。在办理未成年人犯罪案件过程中，人民法院始终坚持按照法律规定，尽最大努力，促使未成年罪犯悔过自新、重回人生正轨。

一是加强教育感化挽救。在涉及未成年人案件的审理过程中，人民法院会根据案件情况及时开展社会调查、社会观护、心理疏导、法庭教育等工作，帮助未成年犯罪人深刻认识犯罪的原因、自身的过错，进而促进他们真诚悔改、迷途知返。

二是注重延伸帮教工作。未成年人犯罪案件的审判，不仅要解决定罪量刑问题，更重要的是要贯彻落实“教育、感化、挽救”方针，重视“救人”。为此，法官要做大量延伸帮教工作，包括在审判过程中走访其家庭、学校和村委会、居委会等，案件审结后还要开展判后回访、跟踪帮教等工作。目的是要协调各方面力量，共同做好教育矫治未成年犯罪人、预防其再次犯罪的工作。

三是坚持宽容但不纵容。同样是未成年人犯罪，具体情况也有所不同。必须注意区别对待，体现宽严相济。对确因年幼无知或者一时失足犯罪的，尽量教育挽救；但对主观恶性深、手段残忍、屡教不改的，该惩处的，也要依法惩处。惩处也是一种必要的、特殊的教育。

四、未成年人犯罪相关司法解释起草工作进展

针对近年来办理强奸、猥亵未成年人等刑事案件司法实践中存在的突出法律适用问题，并鉴于《刑法修正案（十一）》对强奸、猥亵未成年人犯罪部分罪名进行的修改，为确保办案工作中准确适用有关法律，最高人民法院经深入调研，起草了相关司法解释稿，经广泛征求各级法院和相关部委意见，听取专家学者意见，并多次论证修改，拟近期按照程序提交审议后发布。

司法解释拟针对强奸、猥亵未成年人犯罪案件一些从重、加重处罚情节的认定，以及伴随信息网络出现的性侵未成年人案件等新情况、新问题，明确和统一法律适用标准。

司法解释秉持未成年人利益最大化理念，指导司法机关将依法从严惩处性侵害未成年人犯罪和加大对未成年被害人保护力度的政策精神落到实处。

【理论研究】

未成年人刑事审判中社会调查制度实然与应然的双重思考

吴富丽* 孙 伟**

摘要：基于未成年人刑事司法中的国家亲权、儿童福利理念，未成年人社会调查制度的理念应当是保护优先，即在未成年人保护和社会保护两种价值目标的权衡中，坚持保护优先。在未成年人刑事审判中，未成年人社会调查制度的功能定位是为刑事审判中对涉罪未成年人的“因人施教”、非犯罪、非刑罚、非监禁处遇以及判后教育、矫正、改造提供依据。在明晰未成年人社会调查制度的理念和功能定位的基础上，从实然层面考察，我国的社会调查制度在调查主体设置、适用范围和内容等方面存在诸多问题，从应然层面看，我国未成年人社会调查制度的理想图景应该是在未成年人刑事司法机制不断完善的基础上实现未成年人社会调查制度的体系性优化。

关键词：未成年人刑事审判；社会调查；保护优先

未成年人社会调查制度是指在办理未成年人刑事案件的过程中，由专门机构针对涉罪未成年的个人情况、家庭情况、犯罪原因、监护矫正

* 作者单位：渤海大学政法学院。
** 作者单位：辽宁省锦州市中级人民法院。

条件等进行调查分析，对其人身危险性进行评估并形成社会调查报告，进而为刑事案件的办理提供依据的制度。社会调查制度是未成年人刑事司法中的一项特殊制度，是国家亲权、儿童福利理念等未成年人刑事司法理念得以践行的重要体现。我国未成年人社会调查制度的发展从司法实践的探索起步，经历了“自下而上”的发展过程，最终在2012年修订的《刑事诉讼法》中作为一项法律制度得以确立，这也是未成年人社会调查制度发展的重要里程碑。但要“让模糊的法律文本走向生动的司法实践”,[①] 未成年人社会调查制度还面临很多问题。本文将在分析社会调查制度的基本理念和功能定位的基础上，以刑事审判工作为中心，从实然和应然两个层面对未成年人社会调查制度进行思考，希望能为未成年人社会调查制度的发展和完善提供有益的参考。

一、未成年人社会调查制度的基本理念

社会调查制度是未成年人刑事司法中的一项特殊制度，是未成年人刑事司法理念要求的具体体现和落实。因此，国家亲权、儿童福利等未成年人刑事司法的理念无疑是未成年人社会调查制度理念的根源所在。但结合未成年人社会调查制度的具体情况，笔者认为其基本理念应当更加具体化，应当能够体现未成年人社会调查制度的价值目标。

与成年人刑事司法制度相比，未成年人刑事司法制度的特点在于要通过制度设置实现对未成年人的特殊对待，具体说就是更加重视对未成年人的保护，强调“教育为主，惩罚为辅”。这种特殊对待在刑事实体法和程序法等方面均有体现，针对未成年人设置的社会调查制度也是这种特殊对待的直接体现。那么从价值层面来看，未成年人社会调查制度的目标究竟是什么呢？借鉴学者们对未成年人刑事司法价值的分析，笔者认为，大体有特殊保护、双向保护、保护优先三种不同的选择。

---

① 郜占川、刘洋：《从模糊文本走向生动实践——未成年人社会调查制度的困境与化解》，载《西北师大学报》2015年第6期。

（一）特殊保护

特殊保护着眼于未成年人的特殊性，强调“儿童利益最大化”，为未成年人提供最为有利的条件，主张“最大限度教育感化挽救涉罪未成年人”，[①] 对未成年犯罪人给予最大限度的宽宥。

（二）双向保护

双向保护是指在未成年人刑事司法中，力求实现保护未成年人与保护社会两方面的价值。“既要面对强大的国家机器和刑罚高压保护罪错少年，又要面向社会来控制和消除少年的犯罪行为所带来的侵害，坚持保护儿童利益和保护社会的双向保护理念。”[②]

（三）保护优先

保护优先是指在未成年人刑事司法中要全面考虑保护未成年人和保护社会两种价值追求，在两种价值的权衡中，优先考虑对未成年人的保护，同时兼顾保护社会。

在前述三种价值选择中，特殊保护理念从充分保护未成年人的角度进行单向价值选择，能够最大限度地保护未成年人，但是忽略了对社会的保护，并不妥当。正如有的学者所言：“如果在少年司法制度的设计上，仅考虑到保护少年的侧面，将来一旦发生恶性的少年犯罪案件或者在某一时段出现少年犯罪激增的态势，并危及成人世界的安全感时，将会使整个少年司法制度背负不能承受的重责，进而使少年司法制度转向更具有惩罚性的方向，导致以保护少年利益为宗旨的少年司法制度变革

---

① 曹建明：《把握未成年人司法规律全面履行检察职能为未成年人健康成长营造良好法治环境》，载《检察日报》2016年6月3日。

② 田然、杨兴培：《我国少年司法改革的理念重塑与制度构建——以美国少年司法制度的借鉴为视角》，载《青少年犯罪问题》2017年第1期。

的努力化为乌有。”① 双向保护理念全面考虑了未成年人保护和社会保护双重价值，但从价值均衡的角度作出权衡和选择，使得未成年人的保护与社会保护处于同等地位，不符合儿童福利理念的要求。相比较而言，保护优先理念更为合适，其对未成年人保护、社会保护两种价值进行了全面考虑，同时确保了未成年人保护在价值权衡中的优先地位和核心地位。笔者认为，以保护优先理念作为我国未成年人社会调查制度的基本理念是理性的最优选择。在未成年人社会调查制度建设的过程中，对未成年人的保护是至关重要的，要在制度规划、运行中充分保护未成年人的利益，但与此同时也应当兼顾社会保护的需要，使得针对未成年人进行的社会调查能够对其人身危险性等作出客观、全面、科学地评估，为最终作出刑事处分决定提供可靠的依据。

二、未成年人社会调查制度的功能定位

在未成年人刑事司法体系中，未成年人社会调查制度的功能定位是进行制度建设和完善应当明确的问题，只有定位准确才能使制度建设和完善有的放矢。从我国未成年人刑事司法的现实来看，在审判工作中未成年人社会调查制度究竟应当具有哪些功能呢？笔者认为，从“教育、感化、挽救”方针及“教育为主，惩罚为辅”原则出发，针对未成年人进行的社会调查应当为未成年人刑事案件的办理提供重要依据，具体功能包括以下五个方面。

（一）为“因人施教”提供依据

注重对涉罪未成年人的教育是我国未成年人刑事司法的基本方针和原则决定的，针对未成年人的个体情况、个性特点进行有针对性的教育是未成年人司法的重要内容，甚至可以说是核心内容，这种教育应当贯穿到整个刑事诉讼、矫正乃至刑罚执行的全过程。在实践中，要在审判

① 王海涛：《中国少年司法制度改革中的若干基本问题研究》，载《东南大学学报》2014 年第 3 期。

工作中，实现对涉罪未成年人“因人施教”就必须全面了解未成年人的各方面情况，找到导致其犯罪的原因，从中发掘有利于其教育、矫正和改造的积极因子，为“寓教于审”取得实效奠定基础。科学、全面、规范的社会调查将为全面了解涉罪未成年人提供充分的信息和专业的建议，能够成为“因人施教”的重要依据。

（二）为非犯罪处遇提供依据

基于保护未成年人的理念，在认定犯罪时国家应当秉承刑法谦抑理念的要求，做到最大限度的克制、宽容乃至必要的牺牲。在未成年人刑事司法中，“社会公正与少年权益保护，不是并重的，社会要为青少年保护作出让步和牺牲”。[①] 因而，在认定未成年人犯罪时，要以保护优先理念为指导，尽可能对未成年人进行非犯罪处遇。具体说来就是，对于情节轻微、危害不大的未成年人刑事案件，要根据未成年人社会调查的情况，优先考虑非罪化处理。一般来说，这种非罪化处理主要在案件侦查、起诉阶段进行，但在审判阶段仍有对未成年人刑事案件进行非罪化处理的必要性和可能性。此时，经过未成年人社会调查形成的社会调查报告应该成为对未成年人进行非犯罪处遇的重要依据。

（三）为非刑罚处遇提供依据

对于依法被认定构成犯罪的未成年人进行处分时，应当结合社会调查的情况，优先考虑适用非刑罚处罚方法的可能性，尽可能对其作出非刑罚的处遇。此时，社会调查报告应当在准确评价未成年人人身危险性的基础上，对未成年人非刑罚处罚方法适用的可能性、有效性等提出建议，进而为是否采用非刑罚处遇提供依据。

---

① 田野：《涉罪少年社会调查机制实证分析与展望——“少年司法保护社会调查机制”研讨会观点述要》，载《人民检察》2015 年第 22 期。

（四）为非监禁处遇提供依据

对于应当适用刑罚且具备非监禁处遇条件的未成年犯罪人，应当优先考虑适用管制、单处附加刑以及缓刑等非监禁处遇，此时社会调查报告应当成为作出非监禁处遇决定的重要依据。

（五）为判后教育、矫正、改造提供依据

从实质上看，未成年人社会调查核心内容应当是对未成年人进行的犯罪原因及人格调查，这些调查内容和结论除了为刑事审判提供依据之外，也应当是对未成年人制定个别化的教育、矫正、改造方案的重要参考。

综上所述，未成年人社会调查制度的功能是为刑事审判中的“因人施教”、非犯罪、非刑罚、非监禁处遇以及判后教育、矫正、改造提供依据。这一功能定位对未成年人社会调查制度提出了多方面的要求，不仅要有合理、高效、顺畅的工作机制，还要有全面、充实的调查内容、采用科学专业的调查方法、提出具有实际参考价值的建议。

三、未成年人社会调查制度的实然考察

我国的未成年人社会调查从各地司法机关的实践探索起步，经过近三十年的经验积累，在2012年的《刑事诉讼法》中被确立为一项法律制度。但是由于立法规定过于原则、弹性较大，使得实践中很多问题不够明确，各地做法不一。“在实务操作层面，立法只是对社会调查主体、社会调查程序、社会调查内容等方面进行了较为原则性的规定，该制度设计并不能够完全解决开展未成年人社会调查工作中出现的各种问题。在实践中制度运行仍面临制度适用率不高，调查主体缺乏中立性、专业性和权威性，调查方式主观性较强，调查制度适用不平等，社会调查报告

法律地位不明确，调查报告存在弄虚作假的情况等问题。”[①] 结合前文论及的社会调查制度的功能定位以及刑事审判工作实际，笔者将对社会调查主体、适用范围、调查内容三个重要方面的实践情况进行分析。

（一）未成年人社会调查的主体

对于未成年人社会调查的主体可以从两个层面来进行分析：其一，启动社会调查、具有未成年人社会调查职权的主体；其二，实际针对未成年人进行社会调查的主体。针对两个层面的主体，学者们采用了职权主体与执行主体[②]、授权主体与执行主体[③]、主持主体与实施主体以及启动主体与实施主体[④]等不同的表述方式。笔者认为，在未成年人社会调查作为一项法律制度已经确立的情况下，把社会调查的主体表述为职权主体与执行主体是比较妥当和规范的。

在未成年人刑事审判中，法院作为职权主体进行的社会调查，其执行主体主要有以下两种情况：其一，法院自行调查模式，即有案件承办法官或者法院内设的社会调查员、社会调查机构进行的社会调查；其二，法院委托调查模式，具体又可以分为两种情况，即法院委托司法行政机关及社区矫正机构进行的社会调查，法院委托共青团或其他社会团体进行社会调查。据一项调查显示，在某市法院 2013—2015 年的实践中法院自行调查的比例为 22.6%，委托司法行政机关调查的比例为 72.6%，采用委托共青团或其他社会团体调查的比例为 8%。[⑤] 上述两种模式下的多种组合方式各有利弊，但从更有利于实现社会调查制度的理念与功能发

---

① 四川省高级人民法院课题组：《未成年人刑事案件审理中社会调查制度的实际运用与分析》，载《法律适用》2013 年第 9 期。

② 蒋雪琴：《我国未成年人社会调查制度实践考察》，载《兰州大学学报》2014 年第 5 期。

③ 李瑾：《论我国未成年人刑事案件社会调查之执行主体选择》，载《兰州学刊》2017 年第 7 期。

④ 郜占川、刘洋：《从模糊文本走向生动实践——未成年人社会调查制度的困境与化解》，载《西北师大学报》2015 年第 6 期。

⑤ 宋家宁、李爽：《未成年人刑事案件社会调查制度实证分析——以 Q 市人民法院社会调查制度为样本》，载《辽宁公安司法管理干部学院学报》2017 年第 3 期。

挥的角度来看，笔者认为法院内设社会调查员或者社会调查机构的方式更为合理、有效。首先，由法院内部专职社会调查员或专门机构执行的社会调查比较容易得到调查对象、相关人员及社会各方面的配合，社会调查的开展比较有保障。其次，案件审判人员不参加社会调查，可以避免法官参与社会调查导致先入为主、可能影响案件公正审理等弊端。最后，能够充分考虑刑事审判的需求，对社会调查的内容把握比较全面、调查报告的质量相对来说也比较有保证。当然，这一模式也面临很多问题，如法院案多人少、编制有限，工作人员缺乏社会调查所必需的心理学、社会学、统计学专门知识等。但这些问题可以通过法院主导、社会参与的方式来予以解决，即法院内设的社会调查员或者专业机构主要致力于社会调查制度、规范的建立、社会调查工作的指导，然后通过聘任、合作等方式吸纳具有未成年人教育、矫正经验、具备社会调查专业知识的人员和组织参加到社会调查工作中来。

（二）未成年人社会调查的适用范围

未成年人社会调查的适用范围是指在刑事审判中对未成年人进行社会调查的案件范围。针对这一问题，理论研究中大体有以下几种观点：其一，对全部案件进行调查；其二，对特定案件进行调查；其三，对轻（微）型犯罪进行调查，并限定空间范围；其四，最大范围内调查，即除非有理由认为确无必要，对未成年人刑事案件均应当进行社会调查；其五，基于犯罪分层理论，认为对微型罪、轻罪案件必须进行社会调查，对偏轻型罪应当进行社会调查，对偏重型罪可以不进行社会调查、对重罪不进行社会调查。[①] 从司法实践的情况来看，各地未成年人社会调查的适用率差异较大，有些地区的适用率达到80%以上，多数地区的适用率则在30%~70%，从整体情况看未成年人社会调查主要适用于可能判处非监禁刑的案件，即法定刑三年以下的刑事案件。

---

① 谢宏斌、王东卫：《未成年人社会调查制度的适用域探究——以犯罪分层理论为基础》，载《甘肃社会科学》2016年第1期。

笔者认为，刑事审判中社会调查制度的功能主要在于确定未成年人的刑事处遇方式，因而针对可能判处非监禁刑的案件进行社会调查是符合实际的，也是基本妥当的，但考虑到非监禁刑适用的可能性、社会调查意见不采纳率等因素，社会调查的适用率应当在整体上高于非监禁刑适用率至少 10%为宜，这样才能体现保护优先理念的要求，与社会调查制度的应有功能相契合。

（三）未成年人社会调查的内容

在实践中，社会调查制度功能的实现集中体现在通过高质量的社会调查报告，为未成年人刑事案件处理提供的充分依据。在我国当前的未成年人社会调查中，社会调查报告质量问题比较突出，主要体现在以下几个方面：第一，内容不完整，缺乏对未成年人犯罪原因的科学分析、人身危险性的准确评价、个别化的教育、矫正建议等内容；第二，内容专业性差，缺乏科学的测试、准确的评估；第三，内容简单粗疏、千篇一律，对未成年人的人身危险性、管护条件等的分析过于简单，建议笼统模糊，不具有参考价值。

一份高质量的社会调查报告在内容上应当具有完整性、专业性、充实性。结合我国法律、司法解释的规定以及当前刑事审判的实际，未成年人社会调查报告至少应当包括涉罪未成年人的自然情况、性格特点、家庭情况、社会交往、成长经历、犯罪前后的表现和案件办理期间的表现、有关单位、人员对其涉嫌犯罪的处理意见、监护和帮教条件、人身危险性评估以及教育、矫正、量刑建议等内容，并在确保内容完整性、内容充实性的基础上逐步加强专业性。

四、未成年人社会调查制度的应然思考

从应然层面对我国刑事审判中的未成年人社会调查制度进行思考，可以期待经过不断的实践和探索，通过制度的调整与创新，在未成年人刑事司法机制不断完善的基础上实现未成年人社会调查制度的体系性优

化。具体构想如下：从调查主体来看，在坚持公检法三机关法定职权的基础上，确立以公安机关启动社会调查为主、检察机关、法院补充调查的模式，明确司法行政机关为社会调查的执行主体，通过充足的人员、经费保障建立起一支专业化社会调查队伍，在职权主体的指导下开展社会调查工作；从调查适用范围来看，基于保护优先理念，立足于对涉罪未成年人的教育、矫正和改造，应当对所有未成年人刑事案件进行社会调查，以便实现未成年人刑事处遇的平等对待和真正意义上的个别化；从调查内容来看，调查报告应当涵盖未成年人心理测评、犯罪风险因素与保护因素综合分析等内容，能够综合运用犯罪学、心理学、社会学等专业知识和方法，通过充实的材料、科学的分析、系统的论证提出具体的评估意见与有参考价值的建议。

综上所述，我国未成年人社会调查制度的发展与完善应当立足现实，思考现实问题的解决途径，同时也应当展望未来，在正确理念的引领下以理想蓝图为目标，不断探索、积极创新，在充分保护未成年人的基础上，有效应对未成年人犯罪，更好地维护社会稳定。

拿什么保护你

——以家事审判中儿童利益最大化原则为切入点

叶　莲　叶英红　倪珊珊*

一、引言

今日之儿童即明日之社会公民。2017年，各方在儿童保护方面继续发力：党的十九大报告提出健全留守儿童关爱保护体系；最高人民法院出台司法解释，对拐卖儿童案件依法从严惩治；上海闵行区建立“涉性侵犯罪人员”名单，禁止其从事密切接触未成年人行业……儿童保护的社会安全理论越来越完善，实务越来越丰富。然而，社会环境变化让儿童保护工作面临更多变的形势，现实与儿童保护的需求相比仍然存在不小差距。

家庭环境，是未成年人成长的第一环境。没有父母陪伴的童年，很多孩子不仅无力抵御外界凶险，而且容易形成冷淡、缄默、孤独等性格特点，相比之下，也更容易误入歧途。有数据显示，2012年留守儿童犯罪率约占未成年人犯罪的70%，而且有逐年上升的趋势[①]。因其幼弱，权益也易被漠视和侵犯。据统计，未成年人经受的暴力案件中，半数以上

* 作者单位：浙江省庆元县人民法院。

① 谢文美：《关爱留守儿童，司法保护发力》，载《检察日报》2015年10月26日。

发生在家庭结构变化、流动家庭以及非婚生家庭之中①。

如何用法律的力量守护未成年人的安全？家事审判是其中的重要一环。家事审判不仅涉及身份、财产法律关系调整，更涉及社会伦理关系变迁，在维护家庭和谐、保障儿童、妇女和老年人合法权益、促进和谐社会建设各方面发挥着重要的司法保障作用。

如何在家事审判中保障未成年人在家庭纷争中话语权，保护其合法权益不受模式与侵犯？流观各国尤其英美法系与大陆法系亲子法发展历程，大致经历从“家族本位”向“亲本位”，再到“子女本位”，从父权主义向父母平权、对未成年子女从支配权到照顾权的演变。儿童利益最大化抑或未成年子女最佳利益、子女最大利益，逐渐成为共识。1989 年联合国大会通过《儿童权利公约》，其第 3 条正式确立儿童利益最大化原则，倡导在处理与儿童有关的问题时，应以儿童最大利益为首要考虑。1992 年我国成为该公约的第 110 个缔约国，并在立法、司法实践中开始了适用儿童利益最大化原则的探索：一切为了孩子，北京法院在涉少民事案件审理中试行社会观护制度；上海市普陀区人民法院家事审判推出“判后寄语”，劝勉当事人修复关系、治愈情感、共同为未成年人提供监护；暴力母亲屡教不改，福建仙童案例激活尘封的监护权撤销法律……基层司法实践为儿童利益最大化原则的适用提供了有益尝试和个案经验。

本文试图在考察儿童利益最大化原则在家事审判司法实践中的适用现状基础上，并综合分析其存在的不足和面临的瓶颈，进而提出改进建议，以期对儿童保护的社会安全理论与实务提供一定借鉴作用。

二、实证考察：儿童利益最大化原则的适用现状

笔者在中国裁判文书网中分别以“儿童利益最大化”“子女最佳利益”“子女最大利益”为关键词进行检索，剔除重复上传案件，共搜集到相关裁判文书 223 份。以此为样本进行分析，结论如下。

① 高頔：《施暴猥亵遗弃保护儿童国家应有哪些责任?》，载 https：//news. sina. com. cn。

（一）适用较少但分布较广，累积司法智慧

从样本数量看，较家事案件每年约150万件体量而言，即使扣除未上网的调撤案件和无未成年子女情况，分析样本裁判时间及案件数，亦可得出适用极少的结论（见图1）。

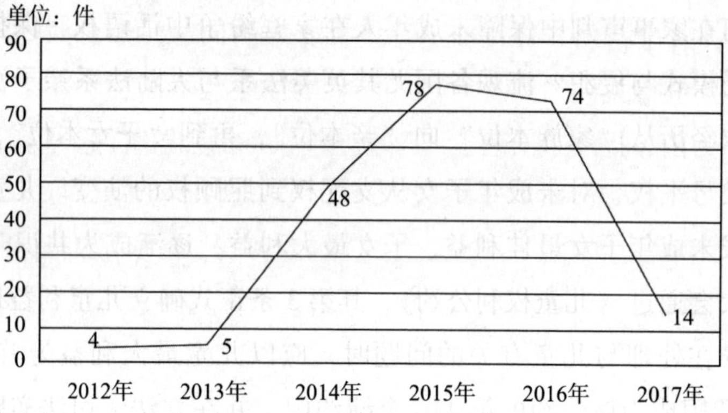

图1 儿童利益最大化原则的适用情况

从样本分布地域看，共涉及20个省份直辖市（见图2），部分法院存在类型化适用情形，如河南省上蔡县人民法院作出30份，案由基本为同居关系子女抚养纠纷；江苏省铜山区人民法院作出的47份样本，其中变更抚养关系纠纷23份，同居关系子女抚养纠纷22份。

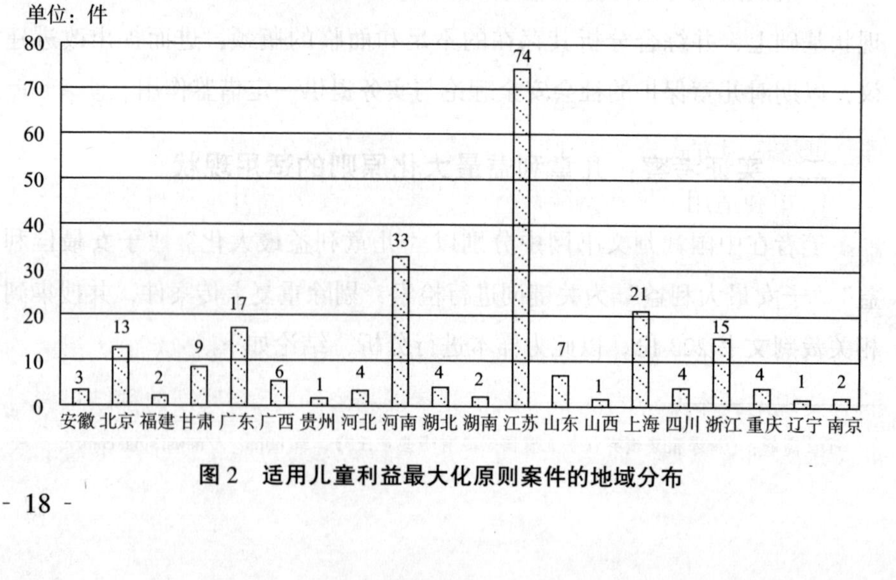

图2 适用儿童利益最大化原则案件的地域分布

从样本案由看，涉及离婚、同居关系子女抚养、抚养费、变更抚养关系、监护权、探望权、分家析产、确认收养关系、撤销监护人资格等，涉少家事案件案由几乎均有涉及，且高度集中在子女抚养问题上，含子女抚养安排的离婚纠纷、同居关系子女抚养纠纷、抚养纠纷（包括抚养费纠纷、变更抚养关系纠纷）三者合计 205 件，占样本总数的 91.9%（见图 3），其中相当案件在确定直接抚养人的同时，亦对探望问题作出安排。特别值得关注的是，申请人南京市社会儿童福利院以“儿童利益最大化”为由，提出了两起申请撤销监护权特别程序案件。

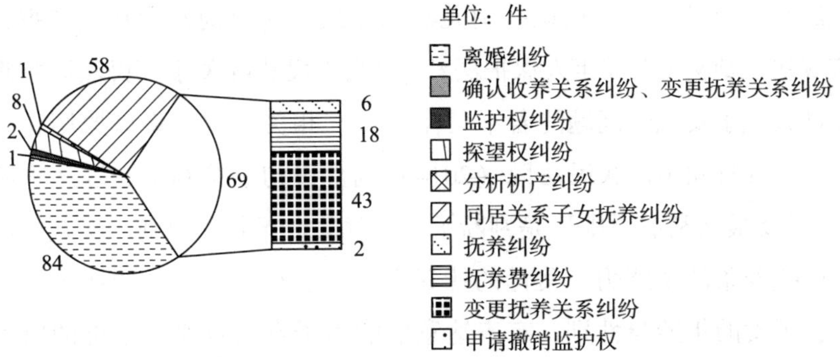

图 3　样本案由分布情况

（二）结合适用居多，考量因素相对集中

以样本是否将儿童利益最大化原则作为审酌事项的主体自觉性为标准，可将适用方式分为单独适用、结合适用和概念适用。

1. 单独适用。即在本院裁判意见部分，直接援引儿童利益最大化原则作为裁判依据。有两份样本：一是弗某某·获某某与董某某离婚纠纷案，二审法院认可原审法院裁判理由，“我国是联合国《儿童权利公约》的缔约国……依照涉外民事关系法律适用法以及民法通则关于法律适用的有关规定，本案应当优先适用《儿童权利公约》。要判断何种结果符合儿童最大利益原则，应当充分考虑儿童能够得到的照顾、儿童本身的健康情况、儿童的种族和国籍情况、儿童生活环境、儿童教育环境、父母的收入情况、儿童权利保障情况等多种因素综合判断。”① 二是陈某诉罗某甲、谢某某监护权纠纷案，针对罗某丁、罗某戊的监护权归属问题，二审法院评述“联合国《儿童权利公约》第 3 条确立了儿童最大利益原则，我国作为该公约的起草参与国和缔约国，亦应在立法和司法中体现这一原则，法院在确定子女监护权归属时，理应尽可能最大化地保护子女利益”。并从双方监护能力、从孩子对生活环境及情感的需求、家庭结构完整性对孩子的影响等方面进行具体考量，确定将监护权判归陈某更符合儿童最大利益原则。②

2. 结合适用。虽未明确援引儿童利益最大化原则作为裁判依据，但结合《民法典》《未成年人保护法》《最高人民法院关于人民法院审理离婚案件处理子女抚养问题的若干具体意见》相关规定，将该原则化用其中。如江苏省铜山区人民法院（2014）铜少民初字第 00158 号“本院认为，‘子女最佳利益原则’是判断子女究竟由谁抚养的原则，实践中应从父母的抚养条件及能力，父母的抚养意愿，子女生活环境的持续性与延续性，子女的年龄与性别，有表达意愿能力子女的意愿，父母的监护行为及第三人协助照顾的可能性等方面来综合评判”。除判决主文中结合适用外，还有以判后法官寄语方式适用者，上海市普陀区人民法院的 10 份判决书即此种情况。根据夫妻关系解除与否以及婚姻生活细节差异，或劝导父母双方尽量消除离婚对子女产生的消极影响，或引导双方反思各自在婚姻中可能存在的不足，或指出夫妻矛盾在所难免须增进沟通换位思考，以子女最大利益为原则，为子女健康成长营造良好的生活环境。

3. 概念适用。未进一步阐述分析儿童利益最大化原则可能的审酌事项，并作比较分析，仅在判决主文中一语带过，其作用可能更多在于宣示性说理。例如，河南省上蔡县人民法院相关民事判决书，基本模式：因双方所生子女一直随（原告或被告）生活，“从维护儿童合法权益、

① 详见上海市第二中级人民法院（2013）沪二中民一（民）终字第 1661 号二审民事判决书。

② 详见上海市第一中级人民法院（2015）沪一中少民终字第 56 号二审民事判决书。

‘儿童利益最大化’的原则考虑，以不改变孩子的生长、生活环境，更有利于孩子健康成长的角度出发”，以（原告或被告）抚养为宜。又如，(2016) 粤1324民初515号民事判决书，根据儿童利益最大化和《最高人民法院审理离婚案件处理子女抚养问题的若干具体意见》相关规定作出判决。

（三）适用不乏亮点，发挥填补充实作用

基于法律规则的滞后性、抽象性、稳定性以及社会生活的复杂多样性，成文法在不断涌现的社会新问题面前总显得不完满。在法律规则不明确时，恰当适用儿童利益最大化原则可发挥填补漏洞的作用。

妇女、儿童、老人权益均受到法律优先保护，在三者权益冲突时，儿童利益最大化原则提供了新的解决思路和裁判理由。例如，蔡某甲与徐某某抚养费纠纷案中，针对被告提出赡养父母之理由，审理法院认为“被告父母均未丧失劳动能力，可以相互扶助，且有包括被告在内的两名子女赡养，除此之外可以通过社会扶助途径解决，而原告系未满10周岁的无民事行为能力人，必须由蔡丁与被告共同抚养，且无其他长效的救济途径。综上所述，根据儿童利益最大化原则，本院酌定抚养费标准调整为600元/月为宜。”同理，在父母与儿童的愿望和利益发生冲突时，在危机婚姻中，基于儿童利益，适当限制了父母的离婚自由。

（四）自由裁量过大，裁判结果不确定

儿童利益最大化原则标准的高度模糊性，难以避免法官仅依个人主观价值判断及对双方当事人的印象甚至是偏见，而假借儿童利益最大化原则名义作出判决。于是有批评者指出：法院采行子女最佳利益原则的公平性，与由国家举办的投掷硬币决定相比，其实相差无几。例如，曹某与沈某甲离婚纠纷一案，曹某第五次起诉至法院要求离婚时，审理法院以夫妻扶助义务和儿童利益最大化原则，从家庭责任和义务角度，未准许离婚。对有中国特色的隔代抚养，就是否能作为主要照顾者优先考

虑，（2014）衢柯巡民初字第91号变更子女抚养关系纠纷案和（2015）佛中法民一终字第1270号离婚纠纷案，也作出了不同评价。

基于涉少家事案件一旦确定由何方直接抚养子女，形成稳定生活后，无法定情形，要予以变更无异于“蜀道之难”。且抚养费支付问题延续时间较长致因经济社会发展原有标准不足以维持生活学习，加之直接抚养方基于种种考虑常对另一方的探望权作出限制，导致后续纷争不断，上诉率亦相对较高。

三、“瓶颈”探析：儿童利益最大化原则的适用困境

（一）理论解读：“最佳利益”定义模糊，标准难寻

儿童利益最大化原则虽广泛被认为系子女监护事件的唯一最高准则或首要考量因素，但其外延和内涵的不确定，导致理论上的诸多争论和适用中的种种困难，如何进一步阐释该原则的真正含义和具体运用该原则考验着法律工作者尤其法官的司法智慧。

究其原因，一是审酌事项难以量化。虽然采用该原则的国家多从立法等角度列出了若干判断儿童最大利益的具体审酌事项，但这些审酌事项的具体内容为何、究竟应如何审酌，往往还需通过法官的个人主观价值判断及对于双方当事人的印象等形成自由心证以达到内心确信。二是潜在影响难以衡量。儿童最大利益不仅涉及对于现有或过去的事实因素的考量，还涉及大量对于未来可能的预期、判断，究竟何种安排会对未成年子女最为有利，仁者见仁，智者见智，且未来潜在影响特别是当事人承诺能否认定为实际影响也值得商榷。三是评估意见难有定论。为弥补专业知识不足以及提供解决思路，一些法官借力第三方，或引入社会观护，或倾听心理健康专业人员评估意见，但面对儿童最大利益的高度模糊性和抽象性，加之儿童因性格、性别、教养方式等不同在不同年龄段需求各有不同，直接抚养人的抚养能力、抚养意愿等也非一成不变，委托评估事项与范围很难清楚界定。四是诉讼延宕难以避免。如父母竞

相争夺或放弃直接抚养权，随着争执的激烈和提交事项的复杂繁多，一方面，法院需要更多时间去审酌讼争双方所提出或未提出的大量事实及其他因素；另一方面，诉讼延宕所带来的不确定性与不安全感，可能衍生其他问题，对承办法官、讼争双方尤其对儿童的身心发展造成十分不利的影响。

（二）制度设计：攸关儿童利益，但很难成为诉讼主体

家事案件通常既涉及自然人之身份变动、债权债务之分割，又涉及儿童利益之维护。但在以成人为主体的家事诉讼中，儿童被动卷入家庭战争，其合法权益常被边缘化。而传统司法运作模式处理家事案件，重财产分配和身份关系确认，轻婚姻家庭关系修复和情感修复。

主要表现有，一是缺乏程序法的支持。因未成年人多系被动卷入，虽裁判结果关系其切身利益，但常不具有诉讼主体资格，其主体性常被习惯性忽视。即使涉及抚养费支付、继承权行使的家事案件，限于未成年人身心特点，因其认知能力不足、行为能力限制、法律意识欠缺，虽是案件的当事人，但基本不具备独立维权的可能性，直接抚养一方成为其当然的法定代理人。在父母矛盾激化时，易沦为报复工具或讨价还价筹码。如吴某与傅某甲变更抚养关系纠纷一案中①，吴某与傅某甲离婚2年后提交了儿子出具的意愿书，要求改由已再婚再育的男方抚养关系并不融洽的11岁儿子。二是缺乏实体法的保护。我国儿童利益保护规定散见于《宪法》《民法典》《未成年人保护法》《反家庭暴力法》等相关法律、司法解释及政策性文件中，为涉少家事案件处理提供了基本依据，但宪法法律均未明确儿童利益最大化原则。在抚养权、抚养费、探望权方面几乎都是父母协议优先，有丧失生育能力、无其他子女等情形的一方优先，除非对抚养子女严重不利或该子女已满10周岁，法院将不再征询儿童意见，体现出较浓的父母权利本位思想。

① 详见浙江省建德市人民法院（2014）杭建民初字第429号一审民事判决书。

（三）社会因素：传统观念影响，阻抗现代法治理念生成

中国乡土社会聚族而居，以宗法群体为本位，上下有序，内外有别，形成水波纹式的差序格局。“父为子纲”“棍棒底下出孝子”等传统观念在长期演化中，积淀为一种父权至上的价值观和家本位的心理文化定式，儿童从属于父母，其自我意识、独立人格和财产权益被忽视，涉少案事件常被局限于家庭内部，法律作为水波外缘的符号化“外人”，对家庭事务的介入是最后不得已才出动的手段。

儿童利益最大化原则作为舶来品，不仅不同的文化传统赋予“最大利益”以不同的解释，不同的经济条件、不同的动态价值权衡也影响着儿童“最大利益”的实现。经济社会发展水平提高并非一蹴而就，在中国现阶段，儿童利益在很大程度上依然要屈从于社会、家庭的利益或者父母的利益，儿童利益最大化更多体现为儿童优先，采用的是害处最小的应用准则。一定程度上，儿童利益最大化既是在厘清儿童的权利，也是在分配父母的权利，在寻求社会监护和国家监护的补充兜底。小到压岁钱的归属，是对孩子的无偿赠与还是父母礼尚往来的财产，大到父母不适格，撤销父母监护权后谁来接手，当时无不在社会上引发种种争议。

四、他山之石：家事审判中儿童利益保护的域外借鉴

虽然儿童利益最大化原则概念高度模糊，量化审查标准不易明确，但采用该原则的世界各国仍致力于列出若干决定最大利益的具体准则。我们可借鉴域外法上的有益经验，促进国内司法理念及具体法律制度的完善。

（一）英美法系

英美法系普遍以子女最佳利益作为最高准则与判断标准，并试图将相关的考虑因素尽可能界定明确。

1989年《英国儿童法》明确规定法官在处理涉及子女问题时，应以儿童最大利益为首要考虑，并规定法官在裁定儿童最大利益时需要考虑六个相关因素：（1）子女可得知之意愿及情感（应考虑其年龄与认知能力）；（2）子女的物质、精神以及教育所需；（3）环境改变所可能造成的影响；（4）年龄、性别、背景以及法官认为相关的其他特质；（5）父母一方以及法官认为与此相关的其他人满足子女需要的能力；（6）法官在诉讼中维护儿童最大利益的职权范围。为保护儿童利益，还在离婚诉讼中设立了“诉讼监护人”，专门代表子女参加离婚诉讼，就子女抚养与监护问题提出处理意见，以供法官参考。

1973年《美国统一结婚离婚法》为法院规定了在裁定子女监护问题时应审酌的六方面因素：（1）父母一方或双方对监护问题的愿望；（2）子女对监护问题的愿望；（3）子女与父母一方或双方、兄弟姐妹及其他对其最大利益有重要影响的人之间的相互关系；（4）子女对家庭、学校和社区的适应情况；（5）所有与子女监护问题相关者的身心健康状况；（6）其他相关因素。美国多数州陆续建立了专门的家事法院（庭），为使“最大利益”原则具体化，便于司法实践上的操作，逐渐形成三种不同的推定原则：推定共同监护、推定心理上的父母和推定主要照顾者。相对于心理上的父母诉诸儿童的主观感受，推定主要照顾者原则强调的是子女的监护应当由最积极参与子女抚养的一方享有，从而保持父母子女关系的连续性。因谁是主要照顾者证据获取较为容易，有助于减低儿童利益最大化原则的不确定性与模糊性。但不可避免还是存在忽视家庭内部分工不同、未成年人需求随年龄不同而改变、心理依赖等弊端。

澳大利亚于1976年设立专门审理家事法院的体系，1995年再次修改《澳大利亚家庭法》，从增强立法的可操作性出发，规定法官在裁决儿童最大利益时，应当考虑子女任何已知之意愿、子女生活环境之变化可能对其产生的影响、父母或其他抚养人的能力（能否满足子女感情、智力上的需要）、针对子女和其他家庭成员的家庭暴力、尽可能减少子女将来可能会提起的诉讼等相关因素。

（二）大陆法系

除德国外，大陆法系国家大多都没有明确规定“儿童最大利益优先原则”，但在父母子女关系上设立了亲权制度，并在有关子女监护权、亲权或父母照顾权以及探视权的行使等方面的规定中都体现了该原则。

《法国民法典》关于亲权的行使、撤销和监护的规定，如规定“亲权由父、母双方共同行使。在双方不能协商一致时，或者法官认为所达成的协议违背子女利益时，法官得指定由子女在其惯常居住的父或母单方行使亲权。”明确规定在确定行使亲权和探视方式决定作出之前，法官可委派有资格的人进行社会调查。

《日本民法典》关于亲权的行使和亲权人变更的规定。例如，规定“认定为子女利益所需要时，家庭法院因子女亲属的请求，可以变更他方为亲权人”。“如果亲权人为与子女的利益相反的行为时，行使亲权人应请求法官为子女选任特别代理人。”

《意大利民法典》在离婚时子女抚养、夫妻协议分居、非婚生子女的认领与准正以及行政安置等方面，都作出了有利于保护子女利益的规定。

《德国民法典》于1997年修改时明确规定在处理父母照顾权、交往权以及看护等事务方面，“应当考虑实际情况和各种可能性以及利害关系人的正当利益，作出最有利于子女利益的裁判”。在Germany案中①，瑙姆堡上诉法院通过心理学评估报告、儿科医学评估报告、社工调查报告以及相关经验评估，认为将小孩带离养父母家庭并且继续允许生父探望不利于小孩的最佳利益。为获取子女真实意愿、保护子女福祉，德国在家事诉讼中还创设了子女利益保护人制度，由社会团体从社会上聘请有法学、社会学、教育学、心理学背景的专业人员，如律师、教师、医生等，选择合适者供法院选任，费用由国库支付。

---

① 刘征峰：《在儿童最大利益原则和父母人权保护间寻找平衡》，载《广州大学学报（社会科学版）》2015年第7期。

五、进路探寻：推动儿童利益最大化原则规范适用的机制建构

（一）转变审判理念，确立儿童利益最大化原则

积极探索家事审判工作体制机制改革，在审理涉少家事案件时，以儿童利益最大化为原则，强调对监护权的审慎态度和重视程度，将合理安排未成年子女作为离婚条件之明确直接抚养人和间接抚养人的权利和义务，寻求亲情、责任、奉献等良性文化价值与自由、平等、权利等现代法治理念的平衡。转变传统审判理念，即转变机械遵循辩论主义和处分原则的财产纠纷审判思路，强化法官的职权探知、自由裁量和对当事人处分权的适当干预，更加关注当事人及其子女的人格利益、安全利益和情感利益，更具温情的偏向，以协助夫妻的离合决定，延续离婚后父母的角色并形塑离婚后与孩子的相处模式。

为约束法院裁量权的形式、提高当事人对诉讼结果的可预测性以减少纷争，在确立儿童利益最大化原则时，可考虑借鉴相关国家做法，结合我国实际，建议考虑推定标准主要集中以下三方面。第一，积极事由：（1）父母的抚养意愿及满足子女需求的能力，具体可包括健康状况、心理状态、性格、教育程度、感情成熟度等；（2）有表达意愿能力子女的意愿及情感，一般为8周岁以上；（3）子女的年龄、性别（哺乳期内的幼儿原则上由母亲监护，明显不利子女的除外，为利于认同与互动，较年长子女优先考虑同性别父母）；（4）主要照顾者，子女较长一段时间的生活、学习主要由谁照顾；（5）子女的身体、心理、教育和人格发展上的需求；（6）子女生活环境变化可能对其产生的影响（子女对家庭、学校和居住地的适应）。第二，消极事由：（1）针对子女和其他家庭成员的家庭暴力；（2）对子女的不当行为，如虐待、恶意不履行抚养义务等。第三，其他事由：（1）父母的利益，在已做绝育等丧失生育能力以及无其他子女条件下赋予一定的优先权；（2）第三人协助照顾的可能性等，如祖父母、外祖父母或其他近亲属有协助意愿并有能力帮助照顾的；（3）子

女的人数与健康情形；（4）子女与其他共同生活人的情感状况。

（二）确立主体地位，保障儿童听审权利

考虑儿童身心特点，借鉴德国子女利益保护人制度、英国诉讼监护人制度等，结合南京法院诉讼监护人制度、北京法院社会观护制度等探索经验，为未成年人设立独立的程序代理人，在涉及子女利益的离婚案件、变更直接抚养人案件、实现探望权案件中，赋予其独立的诉讼地位，只对儿童的最大利益负责，避免父母既是当事人又是子女利益代理人的角色冲突。相关工作经费纳入财政预算并由法院定期组织岗位培训，以提高履职能力。

（三）推动试点工作，建立专业化审判团队

家事案件具有鲜明的人身属性和程序属性，伦理、情感色彩浓厚，既具有私密性又关涉社会公益，还兼具个案弹性和未来展望性，其人身、财产关系调整与当事人及其家庭未来生活安排密切。对温情审判具有强烈需求，亟须配套的专业咨询和辅导服务以及独立的家事调解程序。宜有效利用其他社会资源，为彻底化解家庭纠纷和修复家庭成员心理创伤提供条件。适当提高家事调查员、心理辅导员等家事审判辅助人员的比例，探索通过引入社工、社会团体工作人员和向社会购买服务等方式充实审判辅助人员，积极与社会公益组织协作进行社会调查、社会观护和心理调整，为未成年人利益保护提供更加妥帖的方法等。

目前，我国部分地区已就家事纠纷案件的专业审理进行了有益的探索实践，有必要通过整理试点法院的探索式实践，鼓励条件成熟的法院设立专门的家事审判庭或者组建家事审判专门团队，构建本土化的家事诉讼模式和流程。紧密结合法院人员分类管理制度、法官员额制、主审法官责任制等司法体制改革措施，探索建立专门的家事法官选拔机制，将具有一定社会阅历、心理学知识和热爱家事审判的同志遴选到家事审判岗位上来，为涉少家事案件提供专业化的审理和裁判。

（四）开展交流合作，加强案例指导工作

搭建培训、交流平台，通过召开座谈会、家事审判论坛、异地交流等方式促进不同地区之间家事审判经验交流，推动法官队伍进一步转变司法理念。鼓励试点法院和有兴趣的法院通过具体办案，为法律化、制度化积累实践经验，积极探索可复制、可推广的涉少家事审判工作模式和经验。鉴于最高人民法院发布的指导性案例和浙江省高级人民法院发布的案例指导具有类似案例“应当参照”的指导功能，可适时适用儿童利益最大化原则的涉少家事案件案例作为指导性案例发布，以充分发挥案例为类似案件提供可借鉴的裁判规则、裁判方法或司法理念以及裁判理由。同时，用接地气的方式讲好家事法治好故事，传递正能量，弘扬社会主义核心价值观，转变父母权利本位观念，使子女监护问题的焦点转变成“由谁担任监护对子女最为有利”。

《未成年人保护法》新设概念“学生欺凌”解读

张晓亮　李　鑫*

摘要：《未成年人保护法》第一百三十条第三项新规定的“学生欺凌”，是指无论校园内外，未成年学生之间一方对另一方的人身、财产或者人格尊严，出于故意或者过失造成损害的行为。学生欺凌属于《预防未成年人犯罪法》规定的严重不良行为，严重的社会危害性是其本质。其中有刑法规定的学生欺凌或严重不良行为依法定责任年龄可分为三类，《预防未成年人犯罪法》特别规定的学生欺凌或严重不良行为依所侵犯的法益可分为两类。对侵犯个人的人身、财产或者人格尊严情节轻微的学生欺凌，由学校采取管理教育措施干预；对侵犯社会法益的严重的学生欺凌，由专门机关依照不同程序采取责令监护人严加管教、专门矫治教育等四档措施干预。

关键词：学生欺凌；严重不良行为；两级干预机制

近年来我国学生欺凌案件频发，如安徽小学班干部勒索案、余姚市职高学生欺凌案、北京延庆二中学生欺凌案等案，范围涉及小学、初中、高中，社会影响恶劣。涉案学生都兼具学生与未成年人双重身份，如何在保护未成年人的原则下妥善处理这类行为，建立有效的学生欺凌防控机制，成为实务与立法的热点。2021 年 6 月 1 日施行的《未成年人保护

---

* 作者单位：山西大学法学院。

法》《预防未成年人犯罪法》（以下简称《保护法》《预防法》）作出积极回应。《保护法》亮点之一，就是“在学校保护中，针对校园欺凌这一社会广泛关注的问题，从预防到处置专门作出规定”，增设了“学生欺凌”概念。

《保护法》第九章“附则”第一百三十条第三项规定：“学生欺凌，是指发生在学生之间，一方蓄意或者恶意通过肢体、语言及网络等手段实施欺压、侮辱，造成另一方人身伤害、财产损失或者精神损害的行为。”《保护法》第三十九条，《预防法》第二十条、第二十一条、第三十三条都使用了这一概念。本文拟结合案例与国内外相关法律，从用语、特征和类型三方面，解析学生欺凌这一法律概念；进而论证学生欺凌实质是《预防法》规定的严重不良行为的特殊类型，对学生欺凌分两级干预。

一、校园欺凌与学生欺凌

我国法律文件陆续使用了“校园欺凌”“学生欺凌”两个用语。2016年4月28日，《国务院教育督导委员会办公室关于开展校园欺凌专项治理的通知》用“校园欺凌”来指称相应行为。显然，欺凌行为必须与“校园”有关，才是“校园欺凌”。但是校园这个特征既不明确，范围也可能过大。

“校园”作为一个空间，含义并不明确。实务中，欺凌案件有的发生在校园内，有的发生在校园外；有的在校园周边，有的在距离较远的地方。如甲校学生在距离甲校外300米的网吧，强要乙校学生的财物。当然是欺凌行为，是校园欺凌吗？校园外3000米属于校园吗，那么6000米呢？将距离作为欺凌行为的重要特征，恐怕找不到合理根据。如后文所述，学生欺凌的本质是严重的社会危害性，欺凌的场所无法表明这个本质。此外，“校园欺凌”一词是舶来品，翻译自英语“School Bullying”。据《美国北卡罗来纳州反霸凌法》规定，校园欺凌也包括了师生之间的欺凌行为。如果校园欺凌包括教师对学生的欺凌，学生对教师的欺凌，乃至教师对其他教师的欺凌，势必模糊未成年人保护的焦点，将成年教师的惩戒权、合法权益、行政关系等问题包括进来。这些行为本来可以通过《教师法》《民法典》等调整。

《保护法》《预防法》新设、使用“学生欺凌”概念表明，立法机关已经摒弃“校园欺凌”这个表述，以后我国法律文件也不宜再使用这个表述。学生欺凌行为不应受限于校园。上文余姚市职高学生欺凌案，尽管案发地点与校园无关，仍然属于典型的学生欺凌。

二、欺凌与被欺凌未成年学生之间

《保护法》第一百三十条第三项，规定了学生欺凌的主体与对象、行为与结果、主观心态五个特征。

本项中“学生之间”，要求欺凌行为发生在实施欺凌学生（主体）与被欺凌学生（对象）之间。这里需要注意：第一，“学生”在《未成年人保护法》中是指未成年学生。《保护法》第三十九条“实施欺凌和被欺凌未成年学生”的表述也说明了这一点。第二，有学籍的就是“学生”。这样学校与教育行政部门，才有权管理学生，干预学生的欺凌行为。反过来说，没有学籍的未成年人之间的欺凌行为，不是学生欺凌。当然，学生欺凌与非学生之间的欺凌合成为一个完整的未成年人之间欺凌。第三，学生“之间”，是说主体与对象都是未成年学生，这表明学生欺凌概念源于双向保护理念，既依法保障未成加害人的权益，又依法保护未成年人被害人的权益。第四，实施欺凌未成年学生和被欺凌未成年学生是相对而言的，被欺凌方可能“恶逆变”为实施欺凌方。如最高人民检察院公布的一则学生欺凌典型事例中，高某某长期遭受学生欺凌，在一次被同学网络欺凌后，采用了极端手段，在本班饮用水保温桶中投毒，所幸未造成人员伤亡。因此，本项称学生“之间”。

三、手段与损害

不难看出，《保护法》第一百三十条第三项的条文结构参考了刑法中犯罪构成要件理论。刑法理论一般认为，犯罪是符合构成要件的违法且有责的行为。其中，构成要件分为客观要件与主观要件。行为符合客观要件，表明行为是类型化的不法行为，具有法益侵害性；行为符合主观要件，表明行为人具有类型化的责任，具有主观恶性。客观要件由主体、行为、对象、结果四要素组成；主观要件，是指故意或者过失。简言之，一个行为符合客观要件与主观要件，就构成犯罪。同样，一行为如符合第三项规定的客观要件与主观要件，就构成学生欺凌，具有《保护法》意义上的法益侵害性与主观恶性。

学生欺凌的主体与对象如上文所述。行为手段与损害结果，是指“通过肢体、语言及网络等手段实施欺压、侮辱，造成另一方人身伤害、财产损失或者精神损害”。学生欺凌的损害结果不仅包括对生命、身体、自由、名誉、财产的损害，还包括精神损害。第一种损害的实质，就是法益侵害，完全可以参考刑法法益理论作扩大理解。如中学生甲胁迫小学生乙偷家里的财产交给自己，小学生乙本无财产，将家里的财产交出，首先是乙家庭财产遭受损失；但因为乙对家庭财产有占有利益，这一损失也是乙的财产损失。

对精神损害则可以参照民法规定。我国刑法并不单独保护精神利益，但是侵权责任法单独保护人的重大精神利益。如安徽小学班干勒索案中小学生的欺凌行为，就符合《民法典》第一千一百八十三条规定的“侵害自然人人身权益造成严重精神损害”的规定，被欺凌学生吃到秽物，至少造成口腔机能的障碍，其人格尊严当然被严重损害。又如美国学生欺凌纪录片*Bully*中，一位家长面对镜头说出了儿子在学校的遭遇：“当你洗澡时，你的衣服被拿走，你没办法走出体育馆，只能赤身裸体……”最后面对镜头，父亲痛心地说：“我儿子受的是精神虐待!”被欺凌学生的行动自由与人格尊严都受到损害。值得注意的是，由于未成年人尚未形成完整人格，其精神利益或人格尊严具有更紧迫的保护价值。

就行为手段而言，造成生命、身体损害结果的伤害行为，造成名誉损害的侮辱行为，造成自由损害的欺压行为与造成财产损失或精神损害的侵害行为，手段不限，所以第三项条文中有一“等”字。条文列举肢体、语言及网络手段，显然考虑到未成年学生日常生活场景：嬉闹好动、网络时代。

四、蓄意或恶意

本文认为，蓄意或恶意分别指无责任能力的未成年学生对自己所实施欺凌行为的故意或过失。

一方面，难以从既有规范性文件中照搬蓄意或恶意的真实含义。蓄意一词，多出现在部门规章中，如《公安机关人民警察执法过错责任追究规定》第十九条；极少出现在行政法规中，如《期货交易管理条例》第七十条；没有出现在宪法法律中。但是在这些文件中，蓄意的词意也不清晰。大致可以与故意或者恶意相替换。更重要的是，这些规范性文件的效力层级低于《未成年人保护法》，用低位阶的法规规章中的用语解释高位阶的法律中的概念，显然不妥。这些规范性文件对“蓄意”的使用，对学生欺凌定义中的“蓄意”的解释仅具有参考意义。此外，美国刑法中存在蓄意、明知、轻率、疏忽四种主观要素。但是我国刑法未采用蓄意一词，更没有采取美国式的“要素成罪法”认定犯罪，总之，难以将美国刑法中的蓄意移植过来解释学生欺凌中的蓄意。

另一方面，蓄意或恶意的理解，可以参考《刑法》中的故意或过失。恶意即过失，其本质是没有履行预见义务，即要求行为人认识到自己的欺凌行为可能发生法益侵害或精神损害结果。之所以对行为人科以预见义务，是因为一般人对同样事实都有认识可能性。蓄意即故意，其本质是行为人履行了预见义务并且希望或者放任结果发生。显然故意的主观恶性重于过失。之所以《保护法》不直接使用故意或者过失用语，是提示人们注意，不同法定年龄的未成年人或者没有刑事责任能力与侵权行为能力，或者只有限制的能力。如北京延庆二中学生欺凌案中行为人对自己的欺凌行为都有蓄意。

五、实质与类型

（一）学生欺凌的实质

根据《预防法》第三十八条规定，学生欺凌可谓未成年人实施的严重不良行为。

第三十八条规定："本法所称严重不良行为，是指未成年人实施的有刑法规定、因不满法定刑事责任年龄不予刑事处罚的行为，以及严重危害社会的下列行为：（一）结伙斗殴，追逐、拦截他人，强拿硬要或者任意损毁、占用公私财物等寻衅滋事行为；（二）非法携带枪支、弹药或者弩、匕首等国家规定的管制器具；（三）殴打、辱骂、恐吓，或者故意伤害他人身体；（四）盗窃、哄抢、抢夺或者故意损毁公私财物；（五）传播淫秽的读物、音像制品或者信息等；（六）卖淫、嫖娼，或者进行淫秽表演；（七）吸食、注射毒品，或者向他人提供毒品；（八）参与赌博赌资较大；（九）其他严重危害社会的行为。"第二十八条规定："本法所称不良行为，是指未成年人实施的不利于其健康成长的下列行为：（一）吸烟、饮酒……（九）其他不利于未成年人身心健康成长的不良行为。"可见，严重不良行为包括刑法规定的483个罪名和《预防法》第三十八条规定的九项两大类，两类严重不良行为的本质都是严重的社会危害性。"严重不良行为"并非严重的"不良行为"。不良行为的本质是自损，是未成年人损害自己身心健康成长的行为。两者本质不同，不良行为中未成年人既是受害人也是行为人。

（二）学生欺凌的类型

众所周知，严重的社会危害性也是犯罪的本质特征。故第一类严重不良行为还可以进一步划分小类。详言之，刑法规定的483个罪名都可能是严重不良行为。但由于不满16周岁的未成年人不满法定责任年龄不予刑事处罚才成立严重不良行为，故已满16周岁不满18周岁的未成年人触犯刑法规定的 483 个罪名的，构成犯罪而不成立严重不良行为；《刑法》第十七条第二款规定“已满十四周岁不满十六周岁的人，犯故意杀人、故意伤害致人重伤或者死亡、强奸、抢劫、贩卖毒品、放火、爆炸、投放危险物质罪的，应当负刑事责任”，第三款规定“已满十二周岁不满十四周岁的人，犯故意杀人、故意伤害罪，致人死亡或者以特别残忍手段致人重伤造成严重残疾，情节恶劣，经最高人民检察院核准追诉的，应当负刑事责任”，可见，14 周岁、15 周岁的人只就 8 个罪名之外其余 475 个罪名，12 周岁、13 周岁的人只就 2 个罪名之外其余 481 个罪名不构成犯罪而成立严重不良行为；只有不满 12 周岁的人对刑法规定的所有 483 个罪名都可成立严重不良行为。

已满 12 周岁的未成年人不能就刑法规定的所有 483 个罪名成立严重不良行为，《预防法》特别规定的第二类 9 项严重不良行为。9 项严重不良行为将侵犯个人法益的第三项、第四项居中，表明未成年人的生命、身体、自由、名誉、财产（包括精神利益）是通过干预严重不良行为保护的重中之重，周边则是侵犯社会法益行为，即危害公共安全的第二项和妨害社会管理秩序的第一项和第五项至第八项。其中，第三项排在第四项之前，表明财产法益的级别低于人身法益。第五项、第六项、第七项明显参考了刑法第六章第七节毒品犯罪、第八节卖淫犯罪，第九节淫秽物品犯罪，出于分级干预理念、防微杜渐地干预严重未成年人的严重不良行为，故按照涉淫秽物品行为、涉卖淫行为、涉毒品行为从轻到重排列。要言之，第二类严重不良行为又可分为侵犯个人法益的和侵犯社会法益的两小类。

可以肯定，学生欺凌是严重危害社会的严重不良行为，上述严重不良行为的类型正是学生欺凌的类型。不同于其他严重不良行为，学生欺凌行为具有多发性、隐蔽性、危害性大的特点。因此，《保护法》《预防法》就其概念与处理制度专门规定。

根据《保护法》第三十九条规定，“学校应当建立学生欺凌防控工作制度”，“对严重的欺凌行为，学校不得隐瞒，应当及时向公安机关、教育行政部门报告，并配合相关部门依法处理”。可见我国实行学校和专门机关两级干预机制，专门机关负责干预严重的学生欺凌行为。一方面，学校属于第一百三十条规定的有监护职责的密切接触未成年人的单位，对未成年学生的欺凌行为有监管职责，对被欺凌的未成年学生有保护职责；另一方面，对有严重的社会危害性的学生欺凌，公安机关与教育行政部门当然是专门机关。“与有关部门的配合”，即《预防法》第二十条、第二十一条规定的教育行政部门会同有关部门建立的学生欺凌防控制度，是指《最高人民法院关于加强新时代未成年人审判工作的意见》第二十四条、第二十五条规定的“加强与公安、检察、司法行政等部门的协作配合，健全完善‘政法一条龙’工作机制”，“加强与有关职能部门、社会组织和团体的协调合作，健全完善‘社会一条龙’工作机制”。

根据《预防法》第三十三条规定，“未成年学生有偷窃少量财物，或者有殴打、辱骂、恐吓、强行索要财物等学生欺凌行为，情节轻微的”，可以由学校采取相应的管理教育措施。此类情节轻微的学生欺凌，显然属于《预防法》第三十八条第三项、第四项规定的侵犯个人法益的严重不良行为，第三十八条其他项所规定的侵犯社会法益的严重不良行为，是严重的学生欺凌，应当区分情况由不同专门机关依照不同程序采取包括责令监护人严加管教、矫治教育措施、送入专门学校接受专门教育和专门矫治教育四个档次的措施干预。

新时代少年司法的理念更新

吴晓庆*

摘要：少年司法理念的形成是从不完善到渐渐完善的过程，少年司法制度的前进要有正确的少年司法理念的指导，适应当前客观实际。我国少年司法理念应当遵循“教育、感化、挽救”方针及“教育为主，惩罚为辅”的原则，体现“宽容包容但不纵容”的精神，积极发挥社会资源及司法资源的作用，以福利为本，最大限度维护少年合法权益，精准把握惩罚和保护的平衡点，贯彻执行矫治和分流理念，形成少年司法保护体系。

关键词：少年司法理念；未成年人犯罪；矫治

未成年人是国家的未来和民族的希望，也是中国特色社会主义事业的建设者和接班人，社会各界要加强对他们的关爱和关心，时刻让他们感受到温暖。近些年，儿童遭猥亵、校园欺凌、网络沉迷等现象层出不穷，未成年人犯罪一直成为世界各国重点关注问题，我国也是这样，未成年人犯罪数量不断增长，影响了社会主义法治国家的建设。为了遏制少年犯罪现象，各国苦思良策，不断提出新理论，制定新措施，有的效果显著，有的作用甚微，但少年司法理论随着社会的发展也渐渐完善。2021 年 6 月 1 日，我国新修订的《未成年人保护法》和《预防未成年人

---

* 作者单位：湖北省武汉市东西湖区人民法院。

犯罪法》全面施行，在体例结构和协调机制等方面做了很多研究和创新，首次以立法的形式确立国家保护未成年人的主体责任，建立以“家庭为基础、社会监护为补充、国家监护为兜底”的监护体系，构建起家庭、学校、社会、网络、政府、司法“六位一体”保护工作新格局，全方位为未成年人健康成长保驾护航，严格维护未成年人在人身、教育等方面的合法权益。随着新少年法的出台，对少年司法理念的进行研究及更新势在必行。

一、欧美国家的少年司法理念

理念是制度的基础，制度是理念的外在形式。从美国研究出世界上第一部少年法庭法，世界各国竞相效仿，纷纷制定符合本国国情的少年法，出台专门针对少年违法犯罪的法律法规，形成自身的少年司法理念，建立起独具特色的少年司法制度。

（一）“国家亲权”理念

“国家亲权”理念来源于英、美国家的亲权传统，国家就是少年的最大的“家长”，有责任和义务无条件向少年提供保护和帮助，它认为：当少年的父母对其没有履行义务，国家就积极主动介入，代替父母履行监护人的职责并行使亲权，维护少年的利益，这要求国家扮演的是和善的监护人而不是铁面的执法者。因此，少年司法理念体现的是亲情化、轻刑化，要适应少年的身心健康，少用刑罚，保护隐私，更好地实现国家对未成年人的照顾和关爱，让少年更好融入家庭、社会、国家。

“国家亲权”理念下的少年司法制度形式独特，有专门管理少年案件的少年法院，管理的范围不限于少年的犯罪行为，还包括在校学生的逃学行为、未成年人违反道德的现象；在少年案件审理上不设置陪审团，审理程序非正式、简易化，根据法官的要求制作庭审笔录，坚持有利于少年的证据标准；在矫正体系上以法律的形式规定 12 周岁以下的未成年人不能送进警察局或拘留所，监禁上要严格区别对待，不能将未成年人和成年人关在同一建筑物里。

（二）“教育刑罚”理念

德国学者以科学实证的方法分析未成年人犯罪的原因，认为未成年人的身体及心理不够成熟，当他们实施违法犯罪行为时，主观意志与成年人不同，犯罪并不是出于犯罪人的主观意识，而是受到了客观环境的影响，如社会政治、身体心理素质、自然环境等方面的因素，单纯依靠强硬的刑罚、以暴制暴是不能解决犯罪问题。他们开始从刑罚之外寻找行之有效的方法，根据犯罪原因形成的差异，针对不同的犯罪行为人，从社会学、教育学、生物学等学科多角度剖析少年人的犯罪行为。在实践的基础上，对治理少年犯罪提出很多良策，如要把身体健康和心理疏导作为最有效的方法，对未成年罪犯作出的判决要有限制性，永远不能对少年人进行监禁。追究、制裁少年犯罪不是为了使罪犯赎罪或威慑公众，而是让他们接受更多的教育和矫正，由此形成“教育刑罚”理念。

在“教育刑罚”理念指导下，德国少年司法程序也颇具风格。在起诉上，发现少年犯罪行为后，可以向警察报告，也可以向法官、检察官报告；若警察受理后，他们就会通知少年福利局，由少年法官助理着手调查犯罪情况，形成调查结果及时报告给检察官；检察官收到调查报告后，根据案件情况作出处理的决定，或向法院提起诉讼或直接撤销案件。在法庭审理方面，少年法庭接到检察官诉讼申请，若不同意受理可直接退给检察官，也可采用非诉方式审理案件；如果开庭采取不公开审理，氛围温和，犹如开家长会。在法律后果上，主要有教育处分或少年刑罚，但绝不会剥夺政治权利；少年案件即使被判处有期徒刑，一般会建立完善的前科消灭制度，让少年服刑完后重归社会，避免受到歧视。

（三）“绝对保护”理念

保护主义是世界大部分国家遵循的一项基本理念，即处理少年犯罪行为时，以少年的最大利益为目标，根据对象的不同采取最有益于他们的矫正措施，它关注的不是他们曾经的犯罪行为，而是着眼于少年的需要和未来。为了使少年以后更好地融入社会，会将他们的审理内容、犯罪记录进行封存并进行严格保密，充分保护他们的权利。而绝对保护主义理念在北欧国家盛行，比如挪威、瑞典，对少年权利的保障没有专门的少年保护法，而是建立在以宪法为核心的法律体系框架之下。少年案件一般由社会福利机构负责，地位高于司法系统，既有处理少年保护案件的权力，也有少年犯罪案件的审理权。该机构在处理未成年人时禁止使用站立体罚、手铐器械等强制措施，处罚方式上也与成年人迥然不同，采取的是一种行政程序，体现政府福利机关在少年犯罪行为中的积极作用。

欧美少年司法理念虽不同，但始终在惩罚犯罪和保护少年最大利益间徘徊，理念方面也有趋同性，在于保护、教育与矫正违法少年，更多地追求实质公正而非形式公正，强调国家、社会的责任。笔者认为我国少年司法理念的更新既要借鉴欧美的精髓，又要符合新修订的《未成年人保护法》及司法实务状况，通过分析存在的问题、构建更完善的理念，为少年司法理念的更新建言献策。

二、我国少年司法理念的现状

我国少年司法始终遵循“教育、感化、挽救”方针及“教育为主，惩罚为辅”的原则，体现“宽容包容但不纵容”的精神，但根据现行的司法运作情况，教育保护理念的贯彻与客观现实存在很大的差距，未成年人犯罪数量居高不下，究其原因有以下几方面。

（一）缺失少年福利制度

福利制度是指国家提供各种措施和服务，能让未成年人身体、心理及内在潜力得到充分发展，也包括对受虐待、乞讨、残疾的儿童等弱势儿童的救助及照料。有的国家福利制度上升到法律进行规定，有《儿童福利法》《家庭教育法》等。如果未成年人福利制度没有得到完善，他们的基本权利就不能得到充分的法律保障。在我国的司法实践中，犯罪少年经常需要扶助，不是缺乏有效的监护，就是没有生活来源，所以建立少年福利制度迫在眉睫，让更多的失足少年得到制度化的社会救助，这样既能减少犯罪的数量，又能成功帮助未成年犯矫治。

（二）强烈的成人本位思想

我国的关于少年司法的法律法规主要有《刑法》《未成年人保护法》《刑事诉讼法》等，基本上是与成人司法共用法律法规。少年司法主流坚持“教育为主，惩罚为辅”的原则，这是开展未成年人保护工作所遵循的原则之一，也是成人司法中“教育与惩办相结合”向少年司法的拓展，是成人本位思维在少年司法方面的延伸。《刑法》中规定的刑罚替代措施“训诫、责令具结悔过、赔礼道歉、赔偿损失、责令父母或监护人严加管教与政府收容教养”，这些措施所有的罪犯都适用，但对未成年罪犯产生的教育效果并不明显，甚至适得其反，让适用于成人的规定直接作用于未成年罪犯，表现出强烈的成人本位思想。

（三）过分注重惩罚主义

我国少年司法隶属于普通刑事司法，本身就具有刑事性质，少年审判采用的是普通刑事司法中打击犯罪，追求实质公正，维护社会和谐的理念，大部分的少年还是被关到监狱服刑。少年司法程序即使规定了附条件不起诉、社会调查报告、犯罪记录封存等特别程序，但还是按照成人刑事诉讼程序来进行，容易让司法人员在办理案件过程中混淆成年和少年司法的理念，审理少年案件还是用成年案件的思维模式，不自觉地会过多适用惩罚，从而忽视教育保护的作用，这与“教育为主，惩罚为辅”原则背道而驰。

我国少年司法虽然明确了“教育为主，惩罚为辅”的原则，但对于未成年案件教育保护理念的适用，还是处于模糊状态。

三、我国少年司法理念的构建

我国少年司法理念没有脱离“小成年人”的定义和“以刑罚为基础”的处理模式，类似于国外的“国家亲权”“教育刑罚理念”等以少年人为特殊主体的独特性理念尚未形成。在司法实践中对少年审判也进行了很多制度探索，如制作调查报告、庭后帮教、法官妈妈进校园、圆桌审判等，少年审判的目的主要是查清未成年人的犯罪事实从而定罪量刑，采取上述形式是为了缓解未成年人的抵触情绪，让他们认罪认罚改过自新。但在理念方面没有考虑社会发展对未成年人特殊保护价值取向，而是把未成年人作为弱势群体，带着怜悯和同情来看待少年犯罪，把司法者的感情置于制度的执行中。

（一）以福利为本，最大限度维护少年利益

少年的成长离不开家庭和社会辅助机构，少年的犯罪行为需要有独立的少年司法机关进行处理，要共同发挥社会资源及司法资源的作用，形成合力，以福利为本，最大限度维护少年利益。

社会资源主要包括家庭和社会辅助机构。家庭是少年的第一场所，对少年健康发展起着预防功能，父母作为监护人能帮助少年得到更多的帮助和关爱，让他们获得社会福利的支持。社会辅助机构最大限度维护少年利益，我国主要有总工会、共青团、妇联、志愿者等社会机构，发挥他们对问题少年进行全面的保护跟踪。培养并完善少年司法社工队伍及志愿者，把他们作为社会辅助机构的后备力量，明确职责范围，如负责庭审前的社会调查报告、在讯问未成年人犯罪时到场、对回归社会的失足少年提供帮助。加强基层力量，在村、社区一级的单位专岗设立少年主任，若发现留守儿童、困境儿童等可以第一时间联系民政、医保等部门，建立起村、镇、市三级协同的未成年人保护工作网络。

司法资源涵盖公检法，重点在于专业机构的设立。设立少年警察应成为公安机关预防少年犯罪的主力军，对有不良行为的、犯罪的、需求

保护的少年进行管辖，建立以少年警察为主体，网格员、志愿者参与的县级少年警察制度，通过每个片区的调查建立起区域联系，在少年有违法的苗头时能第一时间处理。未成年人检察部门须更专业化，派专人负责从少年警察机构转来的案件，每一个案件都要有具体的社会调查报告及证据材料，经过论证后再决定是否到少年法庭进行起诉。少年法庭要对未成年人的民事、刑事、行政非诉及执行案件集中管理，保证立案、审判、执行一体化，提升案件的审执效率。要有“少年法官工作室”，抽调资深家事审判法官，针对未成年人的身心情况、家庭社会环境等因素，建立一套惩罚、保护、挽救未成年人的特色审判模式，通过对人员建档立卡、心理辅导、定期回访、联系学校家庭等方法，让他们从困境中尽快走出来。

“政法一条龙”协调配合，需要司法人员正规化、专业化、职业化，共同贯彻少年福利理念，最大限度维护未成年人合法权益，促进健康成长。

（二）精准把握惩罚和保护的平衡点

由于未成年人生理心理发育不成熟，自我认知和社会实践能力不够健全，我们要对他们犯罪现象具体问题具体分析。对确实懵懂无知而失足犯罪的，尽量去感化挽救，坚持“教育为主，惩罚为辅”的原则；对主观故意、情节严重，坚决打击，体现“宽容但不纵容”的精神；在处理未成年人之间的刑事案件时，做到对未成年人被告人和被害人的双向保护，准确掌握从严与从宽处罚的幅度。

在审理未成年人案件前，要对未成年被告人、监护人、所在学校及社区进行调查，充分了解其身体、心理状况，家庭环境、学习交往情况，抓住挽救未成年被告人的主要特点，作为庭审教育及定罪量刑的依据，注重审前教育，发挥认罪认罚作用。在庭审中，灵活运用人民陪审员参审、圆桌审判、引入心理咨询师等制度，做到既陪又审、既审又教，营造平等和善的庭审氛围，做到寓教于审，最大限度维护未成年人的诉讼权益；宣判后，送达裁判文书时写上法官寄语，用浅显易懂的语言、真情实感为每位少年犯分析犯罪原因，进行世界观、人生观、价值观教育，勉励他们改正错误，重归社会。

(三) 贯彻执行矫治和分流理念

未成年人犯罪和再次犯罪是个老大难的问题，少年犯罪刚开始只是一般的不良行为，如果没有得到合理制止，就会发展为严重的不良行为，只是由于他们没有达到刑事责任年龄，而没有进行刑事处罚。要是实行矫治理念，一开始就主动介入少年不良行为的矫正，就会中止不良行为发展的趋势，进而有效对青少年犯罪实现预防，因此，现代少年司法要把矫治作为第一理念。少年司法不应因犯罪而简单处罚了事，而应当着眼于解决犯罪少年存在的问题，要在政治思想、价值取向、生存能力等方面对症下药，让其能够恢复到正常人的生活状态。

分流理念在少年矫治中也发挥举足轻重的作用，比如，一名少年实施了轻微的犯罪行为，要是进行分流，不用经历完整的刑事诉讼程序，而是以“无固定场所的”措施进行教育感化，能够让少年产生较少的自卑感和耻辱感，同时减轻刑事司法的负担，提高未成年人特殊预防的效率。

少年司法理念的更新要不断适应新时代发展要求，我们在以福利为本、教育和惩罚相结合、矫治和分流理念的基础上，要吸收借鉴欧美国家理念的先进经验，寻求具有中国特色的少年司法理念，更有效维护未成年人合法权益。

结　语

十年树木，百年树人，关心关爱未成年人健康成长道阻且长，需要与时俱进的少年司法理念指引前进。中国少年司法的理念更新完善都需经历漫长的探索和积累，相信经过学术界和司法界的不断研究和改革，中国少年司法的理念一定会“更上一层楼”，让未成年人全方法得到司法保护，健康快乐成长，拥有美好的未来。

【调研成果】

构建犯罪预防机制 着力根除犯罪诱因

——河南省高级人民法院关于未成年人犯罪案件审理情况的调研报告

仝兴福 陈永涛*

摘要：未成年人犯罪问题，已成为与环境污染、毒品泛滥并列的三大社会问题之一。本文对全省法院十年间判处未成年人犯罪的情况进行了调研，分析了未成年人犯罪的新情况、新特点及犯罪原因，在此基础上，提出了进一步做好预防未成年人犯罪工作的对策及建议。

近年来，一些未成年人犯罪案件引发社会各界广泛关注。未成年人犯罪问题已成为当前的主要社会问题之一，未成年人刑事责任年龄、犯罪防治等问题成为法学法律界讨论的热点。为了深挖未成年人犯罪的原因，探索未成年人犯罪预防机制，河南省高级人民法院成立课题组对全省法院2012年至2021年审理的未成年人犯罪案件进行了专项调研，在此基础上，提出了进一步做好预防未成年人犯罪工作的对策及建议。

一、2012年至2021年河南省未成年人犯罪的基本态势

（一）未成年罪犯总数

十年间，全省法院共判处未成年罪犯31487人。2012年，判处未成

* 作者单位：河南省高级人民法院。

年罪犯3099人，至2016年五年间，未成年罪犯总数逐年下降。2017年至2021五年间，未成年罪犯总数有升有降，但整体上呈现上升趋势（同期判处罪犯总数也明显增加，呈现上升趋势，见图1）。

图1　2012年至2021年河南省未成年罪犯总数

（二）未成年人罪犯占罪犯总数比例总体呈下降趋势

十年间，全省法院判处未成年罪犯占同期判处罪犯总数的3.31%。2012年，该比例为4.81%。此后十年，至2018年下降为2.84%，此后整体呈现持平状态（见图2）。

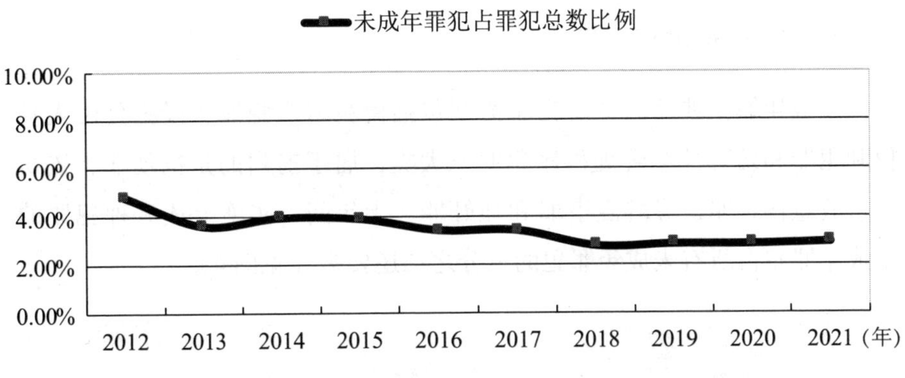

图2　2012年至2021年河南省未成年人罪犯与罪犯总数比例

（三）低龄未成年人犯罪应引起重视

十年间，全省法院判处 14—16 周岁未成年罪犯 4652 人，占未成年罪犯总数的 14.77%，约七分之一多。这部分未成年人犯罪，往往犯罪后果严重，社会危害大，应引起足够重视。如省法院审理的刘某某等四人故意伤害案，仅有一名被告人刚满 16 周岁，其余三名被告人中，一名刚满 14 周岁，两名 15 周岁，因琐事与人发生争执，四人便购买刀具，持刀与两名受害人厮打，致一名受害人死亡，一名受害人轻伤（见图 3）。

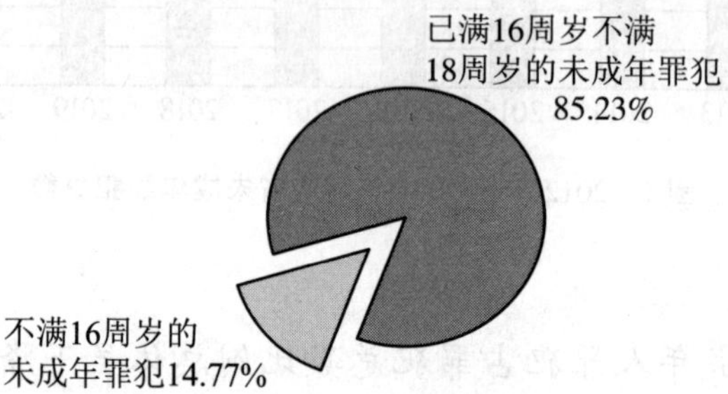

图 3　不满 16 周岁未成年罪犯与未成年罪犯总数比例

二、十年间河南省未成年人犯罪的主要特征

（一）罪名相对集中

未成年罪犯涉及的主要犯罪类型包括侵犯财产犯罪、侵犯公民人身权利犯罪和妨害社会管理秩序犯罪三大类，居于前列的是抢劫罪、盗窃罪、故意伤害罪、寻衅滋事罪和强奸罪。十年间，实施上述五种犯罪的未成年罪犯占所有未成年罪犯的三分之二还要多（见图 4）。

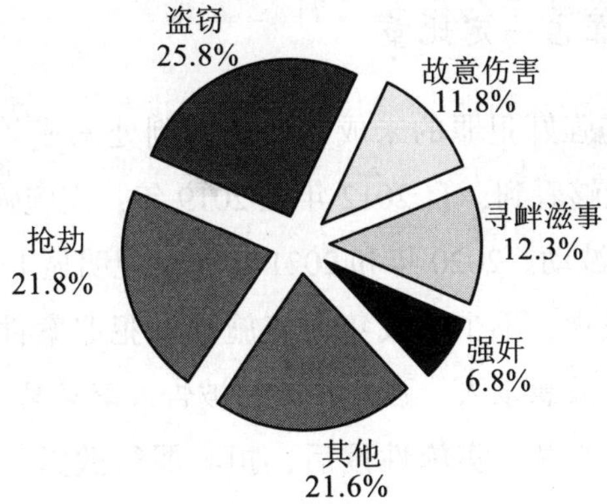

图4 未成年罪犯涉案罪名

（二）犯罪目的以牟取经济利益为主

实施抢劫、盗窃犯罪的未成年人在未成年人犯罪中占较大比例。十年间，因实施抢劫、盗窃犯罪被判处刑罚的未成年人占未成年罪犯总数的39.49%。从2017年开始，实施抢劫、盗窃犯罪的未成年罪犯明显减少。同期，实施诈骗犯罪的未成年罪犯数量明显上升（见图5）。

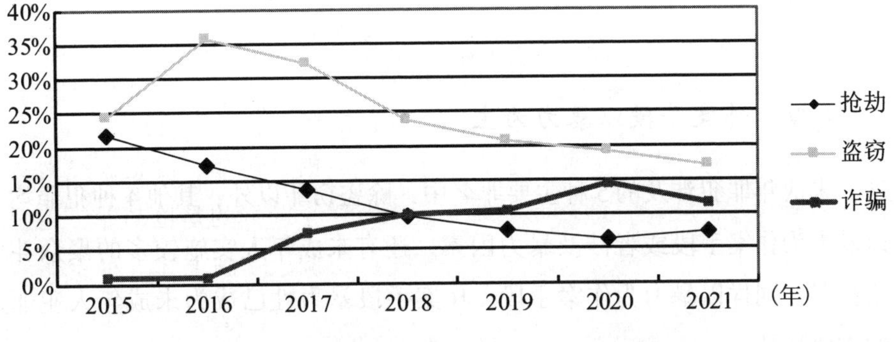

图5 近七年未成年人实施抢劫、盗窃、诈骗犯罪情况

（三）性犯罪占一定比重

十年间，实施强奸犯罪的未成年罪犯占判处未成年罪犯总数比例为6.77%。从图6能够看到，自2012年至2019年，实施强奸犯罪的未成年人比例在7%左右波动。2020年和2021年，呈现明显上升的趋势。

另外，研究发现，不少未成年人实施强奸犯罪案件的被害人也是未成年人。如李某某故意杀人、强奸一案，被告人李某某（14岁零4个月）对本村一名幼女（5岁）实施性侵后，担心罪行败露，用绳子将被害人勒死。

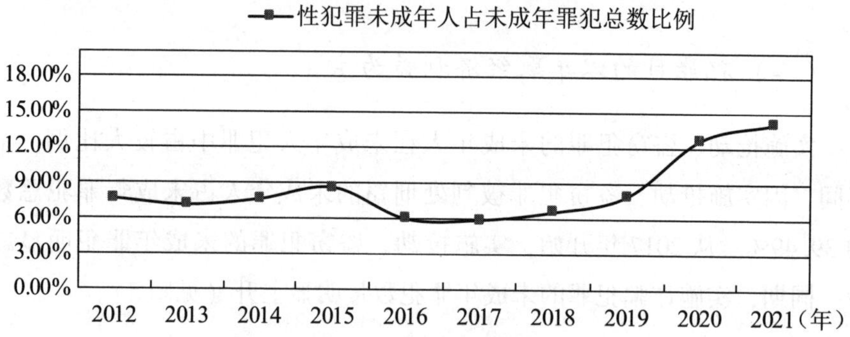

图6 未成年人实施强奸犯罪总体趋势

（四）作案手段以暴力为主

未成年罪犯涉及的5种主要罪名中，除盗窃罪以外，其他4种犯罪均以暴力为作案手段或者涉及暴力因素。还有未成年人实施较多的聚众斗殴犯罪，同样以暴力为作案手段。作案手段暴力性已成为未成年人犯罪的重要特征。

（五）共同犯罪特征明显

约五分之一的未成年人犯罪是共同犯罪。十年间，全省法院共判处实施共同犯罪（含集团犯罪）的未成年罪犯占判处未成年罪犯总数的26.1%（见图7）。

图7　未成年人共同犯罪情况

（六）农民、无业和闲散未成年人所占比重较大

未成年罪犯中，农民、无业和闲散未成年人占大多数，另有少量的在校学生、工人、职员以及其他职业者。我省是农业大省，农村人口所占比重本身就高一些。因此，我省所判处的刑事罪犯中，农民所占的比例一直相对较高。未成年人犯罪的情况亦是如此。十年间判处的未成年罪犯中，职业为农民的比例分别为44.60%、47.51%、49.87%、50.55%、41.16%、35.73%、31.53%、33.3%、31.46%、31.29%。

（七）女性未成年人犯罪呈上升趋势

近年来，女性未成年人犯罪呈上升趋势。2012年，未成年罪犯中女性比重为3.38%，以后逐年上升，至2018年，该比例上升为9.42%。2018年至2021年，该比例基本保持在9%左右。在犯罪类型方面，女性未成年罪犯实施的主要是盗窃、抢劫和诈骗等侵犯财产型犯罪（见图8）。

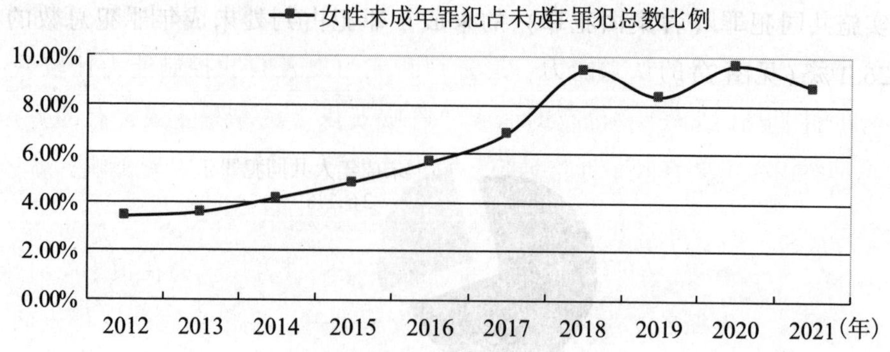

图 8　女性未成年人犯罪趋势

(八) 辍学未成年人犯罪现象严重

研究发现，未成年罪犯中，初中文化程度的占绝大多数，其次是小学和高中文化程度，文盲和大专以上文化程度较少。其中，拥有初中文化程度和小学文化程度的罪犯占 90%以上。这反映出大量未成年罪犯只接受过九年义务教育，相当一部分甚至没有完整接受完义务教育即辍学迈入社会。他们普遍缺乏谋生技能，往往没有正当职业和稳定经济来源，在经济窘迫时极易走上犯罪道路。

三、未成年人犯罪成因分析

未成年人犯罪，是社会历史根源、犯罪人的犯罪心理、环境条件和其他相关多种因素共同作用的结果。本文对不能改变的社会历史根源等宏观原因不作研究，仅就导致和促使未成年人犯罪的未成年人犯罪心理原因、环境诱发因素等直接原因作简要分析。

(一) 未成年人犯罪心理因素

未成年人犯罪心理是导致未成年人犯罪的主要原因，对未成年人犯罪产生起决定作用。以下几种因素有可能会导致未成年人形成反社会犯罪人格。

1. 特有的生理及心理特点。未成年人处于青春期，其生理、心理尚不成熟，对社会的认知能力、是非判断能力以及自我控制能力比较差。有的讲“哥们义气”，也有的信奉“吃喝玩乐”的享乐主义，有的更是精神空虚、虚荣好胜、性格逆反。如若再遇上不良外部因素影响，就容易禁不住诱惑，放任自己走向歧途，走上犯罪道路。

2. 特殊处境。有些未成年人身体存在缺陷或者患病，在很小的时候就经历了人生痛苦。由于经常受到嘲笑和排挤，性格会逐渐变得内向，如果没有人对他们进行适当诱导，就容易变得自卑，以自我为中心，进而导致其在生活方面出现问题。

3. 家庭教育不当。(1) 溺爱。相当一部分未成年人系独生子女，他们是家庭的中心，一直被人照顾，甚至不需要付出努力，就可以得到自己想要的。由于不懂如何面对生活中的困难和问题，在遇到困难和挫折时就容易把责任推给别人或社会。一旦有一天，当他们不再是别人的焦点，或者他们的位置被别人取代，他们就会无法忍受。(2) 冷落。由于父母工作忙等原因，有些孩子常常被人忽视，在很小时候就经历和承受了社会中冷漠的一面，他们不知道关心和帮助是什么概念，不喜欢与人沟通，对人没有依赖感，性格内向且容易出现偏差，也容易形成错误的人生观。

(二) 未成年人犯罪环境因素

外部环境是犯罪主观原因转化为犯罪实施行为的必要条件，没有环境因素，犯罪主观原因就无法转化为犯罪行为，只能停留在动因状态，不能成为犯罪事实。司法实践中发现，大部分未成年罪犯实际处于监管缺失状态。有的未成年罪犯，特别是留守未成年人，其父母外出务工，名义上由祖父母或其他近亲属抚养，实际上处于无人监管的情境之下，经常游荡在社会上、网吧里；未成年人脱离父母或者其他监护人单独居住现象仍然存在，有的独自住在自己家里，也有独自住在酒店、宾馆等公共场所的。无人监管，使得这部分未成年人有更多实施犯罪的机会和条件。研究还发现，未成年人实施暴力犯罪，带有管制刀具等犯罪工具的越来越多。如实施故意杀人、故意伤害犯罪的，多数带有管制刀具；实施聚众斗殴、寻衅滋事犯罪的，多数带有管制刀具或二截棍等其他犯罪工具。一方面，这是由未成年人自身特点决定的，其发育尚未成熟，受自身体力等因素制约，依靠作案工具提高其犯罪成功率；另一方面，也反映出未成年人获得管制刀具等犯罪工具的渠道仍存在监管漏洞。

当前，影响未成年人健康成长并可能导致其违法犯罪的不良社会环境因素主要有：拜金主义、享乐主义、唯利是图等观念，贪污腐败、坑蒙拐骗、生活腐化等现象，对未成年人影响很大。暴力色情文化蔓延，更是影响未成年人健康成长的毒瘤。据统计，在实施强奸犯罪的未成年罪犯中，半数以上看过淫秽色情产品。

（三）未成年人犯罪诱发因素

与未成年人犯罪心理因素及环境因素相比，诱发因素对于未成年人犯罪发生不是必然的，也不是必要的。但是，如果存在这些诱发因素，犯罪主观原因就更容易发生作用，更容易导致犯罪行为发生。比如，未成年人观看色情影片，既不是犯罪的直接原因，也不是犯罪的必备条件，并不决定其必然实施性犯罪。但是，犯罪的发生与该因素也有一定的相关联系，往往在观看色情影片之后，未成年人会更容易实施性犯罪。

四、加强和改进未成年人犯罪预防工作的对策建议

（一）坚持党的领导，发挥制度优势

习近平总书记指出，党的领导是中国特色社会主义制度的最大优势。做好未成年人犯罪预防工作最根本的是加强党的领导，必须坚持以习近平新时代中国特色社会主义思想为指导，紧紧贴合未成年人犯罪特点和实际，加强系统治理、依法治理、综合治理、源头治理，才能实现对未成年人犯罪的有效预防和控制，保障未成年人健康成长，在预防未成年

人犯罪方面取得更好工作成效。

（二）加强队伍建设，夯实工作基础

专业队伍是新形势下做好未成年人犯罪预防工作的基础和重要保证。否则，再好的愿景也只能是水中望月，一纸空谈。现阶段，建议高级法院和中级法院保留现有独立建制的少年法庭；基层法院可依托现有的城区或城郊人民法庭承接原有的少年法庭职能，或者在改革后的审判团队中指定专门审判团队负责少年法庭工作，保证少年法庭工作延续性。长远来看，建议按照司法体制改革总体要求，尽快试点少年法院，并及时总结经验加以推广。这样既能顺应未成年人犯罪预防工作应建立专门机构的时代发展趋势，也能满足未成年人犯罪预防工作的客观需求，同时也符合人民法院改革纲要中提出的“推进法院内设机构改革，建立以服务审判工作为中心的机构设置模式和人员配置方式”的总体思路。

（三）完善预防体系，形成工作合力

未成年人犯罪预防是涉及社会方方面面的系统工程，要实现未成年人犯罪预防的系统治理，必须完善预防体系。建议由党政部门牵头负责未成年人犯罪预防工作，整合各职能部门力量，将普法教育宣传、问题少年个性化帮教等纳入社会综合治理平台，以政府为主导，建立完善立体化、信息化的未成年人犯罪预防体系。具体思路是：由社会综合治理平台协调各职能部门分层递进式参与未成年人犯罪预防的具体事项，并对接专业社会机构，形成问题联治、工作联动的工作机制和“一个窗口受理、一个平台流转、一个体系办结”的运转模式。这样就可以充分发挥网格管理的作用，推动未成年人犯罪预防工作重心向基层延伸，努力将未成年人犯罪苗头解决在基层最前沿。同时也可以通过信息共享，大数据分析，找出工作中存在的问题及原因，为未成年人犯罪预防工作提供决策参考。

（四）全面加强教育，根除犯罪心理

1. 学校教育。一是建议提高义务教育水平。如能提高义务教育水平，在条件允许的情况下将现行的九年义务教育扩展至十二年义务教育，将会有效解决16~18周岁这一年龄段未成年人犯罪居高不下的现状。二是加强社会主义核心价值观教育。学校在对未成年人进行知识教育的同时，应当把社会主义核心价值观要求融入学校教育中，引导在校未成年人树立正确的世界观、人生观和价值观。

2. 家庭教育。未成年人长期生活在家庭之中，家庭氛围和家庭教育对未成年人影响至深。因此，改善家庭教育现状，对预防未成年人犯罪具有重大现实意义。针对有的家庭对未成年人教育方法不当或者不知道该如何教育孩子的问题，建议政府加强对家长的教育和引导。社区可以对辖区内家庭教育存在问题的家庭，特别是困难家庭、留守儿童家庭、流动人口家庭以及未成年子女涉嫌违法犯罪的家庭进行指导，通过开办家长学校等形式有针对性地指导家长改进教育方法，提升家长的教育能力和水平。

（五）多方强化监管，堵塞预防漏洞

1. 家庭监管。家庭是守护未成年人健康成长的第一道关口。家长对于存在不良行为的未成年人严加教育和监管，即能有效地预防这部分未成年人走上违法犯罪道路。对于部分放任不管，或者迫使未成年人离家出走，甚至对未成年人实施家庭暴力的家长，政府应及时进行干预，由相关职能部门对其进行训诫并责令其履行监管义务，也可以要求其到社区举办的家长学校进行学习。

2. 学校监管。未成年人在校期间，其监护责任应当由学校承担。尤其是寄宿制学校，更要加强对在校学生的管理。对有私自外出、旷课、夜不归宿等不良行为的未成年人，学校应及时查找并与未成年人的父母联系，查无结果的，应当及时向公安机关请求帮助；对在校期间实施校园欺凌、打架斗殴、强行索要财物等不良行为的未成年人，要及时进行教育和心理辅导，必要时可采用行政手段予以惩戒。

3. 政府监管。对于因犯罪被判处非监禁刑的未成年人，社区矫正机构依法对其进行必要约束和监管。可以按照要求对其活动范围、时间等作以必要限制，并可根据判决禁止其出入特定场所或者接触特定人群。对于违反社区矫正规定，不接受监管，符合撤销缓刑条件的，及时向原判决机关报告。

4. 社会公众监管。倡导、鼓励社会公众积极参与未成年人犯罪预防工作，任何公民发现未成年人有不良行为或者存在违法犯罪可能性的，均可以进行制止；未成年人存在即时犯罪危险的，可采取必要的相应措施；未成年人拒绝、不听劝告的，向公安机关报告。对于公民参与预防或制止未成年人犯罪的，政府应当予以表彰奖励。

（六）社会共同努力，铲除不良土壤

1. 校园周边治理。严格按照相关行政法规的要求，整顿治理校园周边环境，对于违反规定，在中小学校周边设置的营业性娱乐场所、互联网上网服务营业场所的，一律按照规定关停。

2. 文化市场整治。持续开展“扫黄打非”斗争，将不良影视等文化产品对未成年人的不良影响降至最低，取缔黑网吧、黑录像厅、黑游戏机房等非法经营场所，鼓励优秀文化产品创作和传播，提供健康娱乐产品和休闲文化，引导未成年人健康成长。

3. 加强行业自律。经营营业性歌舞娱乐场所、互联网上网服务营业场所的，不得允许未成年人进入；烟酒经营者、彩票销售机构不得向未成年人进行销售；不得向未成年人提供、出售管制刀具或者其他可能致人严重伤害的器具、器械和物品；宾馆经营者发现无监护人同行要求单独住宿的未成年人的，应当及时向公安机关报告。以上经营者违反规定的，由政府主管部门予以处罚。

4. 净化网络环境。网络产品和服务提供者应当避免提供可能诱导未

成年人沉迷的内容，杜绝淫秽、色情、暴力、迷信、赌博或者涉毒等有害信息的网络传播，为未成年人提供健康、安全、文明的上网环境，保障和引导未成年人安全、合理使用网络。

5. 引导公众参与。一方面，政府职能部门应广泛宣传，增强公众对未成年人犯罪预防工作重要性和紧迫性的认识，增强公众参与此项工作的意愿，使广大公众认识到预防未成年人犯罪，不仅是每一个公民所享有的权利，还是每一个公民应尽的义务；另一方面，政府应当制定相应制度，明确公众参与的方法和途径，让公众依法、有序地参与到未成年人犯罪预防工作中来，保障公众参与的积极性。

结　语

习近平总书记指出，青年的价值取向决定了未来整个社会的价值取向，而青年又处在价值观形成和确立的时期，抓好这一时期的价值观养成十分重要。这就像穿衣服扣扣子一样，如果第一粒扣子扣错了，剩余的扣子都会扣错。人生的扣子从一开始就要扣好。让我们牢记习近平总书记的殷切嘱托，切实做好新时代新形势下未成年人犯罪预防工作，帮助未成年人扣好人生第一粒扣子，为广大未成年人健康成长，为实现中华民族伟大复兴付出不懈的努力！

加强审判机构队伍建设　维护未成年人合法权益

——浙江省宁波市中级人民法院关于未成年人审判组织和审判队伍建设的调研报告

马立军　尹振国*

因未成年人具有可塑性和成长的未完成性，使得未成年人审判与成人审判存在重大区别，而审判组织的专门化和审判人员的专业化是做好未成年人审判工作的前提和保障。为掌握宁波地区未成年人审判组织、人员的基本情况，提升未成年人司法保护的专业化水平，切实维护未成年人合法权益，浙江省宁波市中级人民法院成立课题组，对全市法院2016年以来未成年人审判组织和审判队伍的建设情况进行了专项调研。

一、基本情况

宁波市有宁波市中级人民法院（以下简称宁波中院）和11个基层法院，下辖37个人民法庭，2016年以来，每年受理和审结的各类案件均在20万件以上。目前，宁波中院设置了1个独立建制的未成年人案件综合审判庭，审理涉及未成年人的民事、刑事案件。该庭配备了4名员额法官、1名法官助理、3名司法辅助人员，设1个未成年人案件合议庭。在2018年基层法院内设机构改革前，有4个基层法院设置了独立建制的未成年人案件综合审判庭，在内设机构改革后，仅1个基层法院保留独立

* 作者单位：浙江省宁波市中级人民法院。

建制的未成年人案件综合审判庭。该庭配备了 3 名员额法官、1 名法官助理、1 名司法辅助人员，设 1 个未成年人案件合议庭。剩余的 10 个基层法院中，有 9 个法院的未成年人案件审判组织挂靠在刑庭，共有 10 名员额法官、2 名法官助理、11 名司法辅助人员，但没有未成年人案件合议庭，其中，有 6 个法院保留了未成年人案件审判庭的名称，有 8 个法院配备了专门办理未成年人案件的员额法官。目前，宁波未成年人审判机构建设存在的问题有以下三个方面。

1. 专业办案人员不够充足。大多数法院只由 1 名员额法官集中审理未成年人刑事案件，不审理未成年人民事、行政案件，没有设置专门的审理未成年人案件的合议庭。办理未成年人案件的法官仍需办理大量普通刑事案件，对于涉罪未成年人的审前社会调查、心理辅导、帮教、法治宣传等审判延伸性工作投入不足。

2. 办案法官的综合知识储备有待增强。因未成年人案件的特殊性，要求审理未成年人案件的法官不仅要具备专业法律知识，还必须掌握一些基本的生理学、心理学、教育学、社会学、犯罪学知识。未成年人案件审判“三审合一”模式将不同渊源、理念、性质的诉讼制度在同一空间内聚合，要求法官具有全面的实体法、程序法知识和实践经验。但在实践中，办理未成年人案件的法官知识还比较单一，一般只具备一个领域的司法实务经验，综合知识和能力有待拓展。

3. 业绩考核体系未充分考虑未成年人案件特殊性。现行以办案数量为核心的法官业绩考核体系还不能全面科学测量未成年人审判工作的工作量，影响了未成年人审判的保护性、延伸性工作的落实。

二、原因分析

1. 受案范围大幅缩小。进入 21 世纪以来，社会治安状况整体好转，未成年人犯罪数量大幅度减少。而大部分未成年人审判庭以办理未成年人刑事案件为主，未成年人民事、刑事案件仍由民事审判庭、行政审判庭办理。在法院内设机构改革之后，因受理的涉未成年人案件量偏少，未成年人审判面临机构被撤并、专门审判人员被分流的问题。

2. 受编制数量限制。法官员额制和基层法院内设机构改革后，受编制数量限制，基层法院均将未成年人刑事、民事审判业务分别并入刑事、民事审判庭，原未成年人案件审判人员也分别被分流到刑事、民事审判庭。而部分法院直接将未成年人刑事案件交由刑庭法官兼职审理，导致未成年人审判“刑庭挂帅”。

3. 整体推进的合力不足。目前，尚未形成自上而下统一的未成年人审判机构体系，上下级法院缺少对口的专司未成年人审判的机构，上级法院的各个业务庭室基本上都有权对下级法院的未成年人审判机构进行业务指导，容易造成“多头管理、分而治之”的局面，不便于开展由上对下的统一业务指导。

三、对策建议

1. 因地制宜地设置未成年人审判机构。设置独立建制的未成年人审判庭，最大的制约因素是案件数量不足的问题。在内设机构改革的背景下，每个法院都设置独立建制的未成年人审判庭不太现实，应因地制宜，可在地级市的某个基层法院设置独立建制的未成年人审判庭，配置专业审判人员，集中管辖全市基层法院的未成年人案件，以有效解决“类案不同判”的问题；或者将 1 个法院所有的涉及未成年人的案件全部交由 1 个审判组织处理。

2. 加强未成年人审判专业化队伍建设。要配备素质高、综合能力强、熟悉未成年人身心特点、热爱未成年人审判的法官。同时在合议庭中一般应配齐刑事和民事法官，保持队伍的相对稳定。注重培养未成年人审判法官的专业能力、专业精神，设置心理学、教育学、社会学等培训内容，强化未成年人特殊、优先保护的理念。在业绩考核方面，单独设置指标，科学核算未成年人审判法官的工作量。

3. 逐步构建统一的未成年人审判机构体系。争取党委、政府支持，努力争取先在中级以上法院建立独立建制的未成年人审判机构，对辖区的未成年人审判业务统一归口管理，发挥好自上而下的指导作用。在此基础上，逐步构建统一的未成年人审判机构体系。

关于涉乡村学校周边安全案件的调研报告

周　蕾*

摘要：乡村学校周边安全是社会安全的重要组成部分，关系到乡村未成年人的健康成长，也是服务法治乡村建设的内在要求。本文在收集整理近三年“涉乡村学校周边安全”各类案件数据的基础上，对整体情况进行分析、认真探究反映出的突出问题，并提出切实可行的对策建议，以期达到最佳预防效果，进一步营造平安和谐的乡村学校周边环境。

郑州市中级人民法院未成年人案件综合审判庭立足于保障未成年人合法权益，将未成年人审判工作作为重要工作来抓，坚持“教育为主，惩罚为辅”原则和“教育、感化、挽救”方针和“案前抓预防，案中抓教育，案后抓帮扶”未成年审判工作模式。形成了未成年人司法保护良好生态，更好地为乡村未成年人提供保护，不断助力法治乡村、法治中国的建设。

本文在收集整理了 2017—2020 年“涉乡村学校周边安全”各类案件的基础上，对案件的整体情况进行分析、认真探究案件背后反映出来的突出问题，并提出切实可行的对策建议，以期达到最佳预防效果，进一步营造平安和谐的乡村学校周边环境。

---

* 作者单位：河南省郑州市中级人民法院。

一、涉乡村学校周边安全案件整体情况检视

（一）涉乡村学校周边安全刑事案件总体情况

郑州市两级法院涉乡村学校周边安全案件类型以刑事案件为主。据不完全统计，2017 以来，郑州市两级法院共审理涉乡村学校周边安全各类刑事案件 102 件，其中 2017 年 22 件，2018 年 19 件，2019 年 43 件，2020 年至今 18 件，总体呈现上升态势。犯罪人数方面，总体犯罪人数 159 人，其中 2017 年 30 人，2018 年 41 人，2019 年 62 人，2020 年至今 26 人，变化趋势与案件数量变化趋势基本趋同。总体来看，案件总量虽然较少但整体呈现上升态势，说明涉乡村学校周边安全问题越发突出，值得关注（见图 1）。

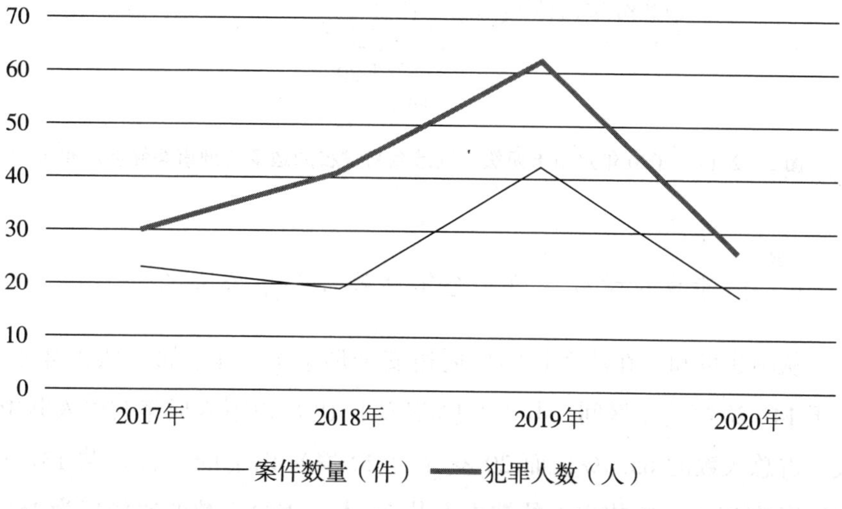

图 1　2017—2020 年郑州市两级法院涉乡村学校周边安全刑事案件总体情况

（二）涉乡村学校周边安全案件涉罪名情况

通过图 2 可知，涉乡村学校周边安全刑事案件涉及的犯罪类型多元化，但侵犯财产犯罪如盗窃罪以及强奸罪、猥亵儿童罪等仍是主要的犯

罪形式。多起盗窃罪发生在校园周边区域以及学生上学、放学路上，且绝大部分为无预谋的临时起意犯罪。而强奸罪、猥亵儿童罪等则多发于熟人或邻里之间。而令人发指的是，还发生了幼儿园实习教师利用工作之便强奸幼女以及学校教官利用职务之便强奸女学生等恶性案件，这对未成年人的身心健康打击极大，也造成了恶劣的社会影响。

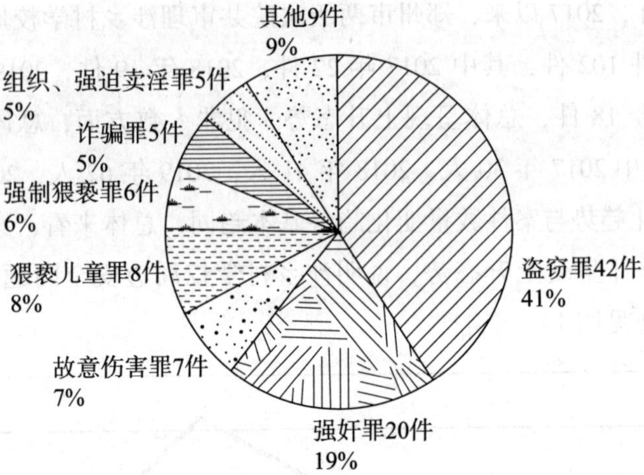

图2　2017—2020年郑州市两级法院涉乡村学校周边安全刑事案件涉及罪名

（三）涉乡村学校周边安全案件被告人年龄情况

从图3可知，在涉乡村学校周边安全刑事案件中，被告人的年龄集中于14~20岁这个区间。其中，14岁以上18岁以下未成年被告人共102人，占总人数的65.4%，而20岁（含20岁）以下的被告人共131人，占比高达84%，20岁以上的被告人共25人，占总人数的比例仅为16%。由此可见。在涉乡村学校周边安全刑事案件中，未成年人参与犯罪的情况依然非常突出。盗窃罪、强奸罪等罪名类型也集中体现了未成年人自控能力差、心理不成熟、法治意识淡薄等特点。而成年人对未成年人的侵害主要表现为强奸、猥亵儿童、故意伤害等一方对另一方在性别、力量等方面存在明显压制情况的犯罪行为。

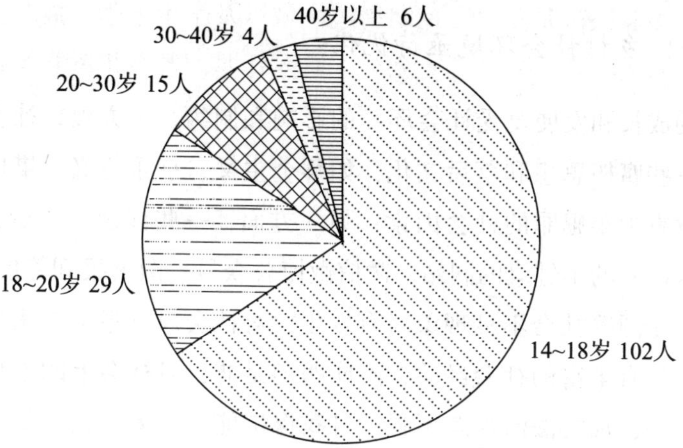

图3　2017—2020年郑州市两级法院涉乡村学校周边安全被告人年龄分布

（四）涉乡村学校周边安全案件被告人文化程度及职业

在涉乡村学校周边安全刑事案件中，被告人是小学、初高中（含肄业）及中专文化程度的有15人，大学或大专文化程度的有7人，其他4人为文盲。可见，被告人文化程度普遍不高，多集中于初中、高中以及中专学历。许多未成年人尚在义务教育阶段但因各种原因辍学、肄业，脱离正常的校园教育，混迹网吧、KTV等场所，最终在不良环境影响下逐步走向犯罪深渊。经调查，在涉乡村学校周边安全刑事案件中，务工人员及有固定工作人员占比很低，绝大部分被告人为在校学生或者处于无业状态，有几例典型案例的被告人甚至为实习教师或学校教官，因为其职业便利性，使被害人受到多次、长期性伤害。

二、涉乡村校园周边案件发生的原因探析

任何一种犯罪都是诸多社会和个人情况相互作用的结果。乡村校园周边刑事案件多发，犯罪以乡村地区青少年为主的原因主要有两个方面：一是外在方面主要包括家庭、学校、社会环境等方面的原因；二是内在方面即青少年的个体主观方面的原因。下面将分别进行探析。

（一）乡村社会环境亟待优化

人的成长和发展要受社会环境的影响和制约。一方面，社会现实中存在的一些腐朽思想和落后文化，如拜金主义、享乐主义、攀比之风等成为诱发青少年犯罪的社会因素；另一方面，一些涉及黄、赌、毒、营销诈骗等内容的不健康的网站、微信微博公众号、图书报刊等屡禁不止，导致唯利是图等社会不良现象时有发生，对社会风气造成较大影响。乡村青少年没有丰富的社会经验，不能明辨是非，对社会上的不良风气抵制能力较差，加之法治观念不强，自我保护能力较差，极易受到邪风歪气的影响。在调查中发现，乡村青少年之所以走上违法犯罪的道路，并非性本恶，而是与其交往的群体的有着密切的关系。

此外，乡村校园周边环境的改善，还涉及教育、基层组织、公安、司法、市场监管、医疗卫生、文化等多部门的配合，形成一股合力。但现实中少数职能部门对乡村校园及周边安全环境不够重视，部门之间的联动机制不足，导致不能形成长效的管理措施。基层组织对乡村未成年人的成长发挥着极为重要的作用，乡村基层组织建设受到经济发展等条件的制约，乡镇政府或村委会对村民的服务和管理体制不健全，提供的基础设施相对较差，公共服务较弱，文娱设施和场所提供不足，乡村青少年生活单调、乏味，这成为一些乡村青少年游手好闲、东奔西跑的原因之一。

（二）乡村校园管理亟待加强

一是校园及周围设施配置不足。乡村学校安全经费投入不足，典型的表现为视频监控等装置安装未能全覆盖。大多中小学范围内已安装视频监控，但不能全覆盖，部分视频图像不够清晰，保存时间普遍较短。大多民办幼儿园虽安装了监控，但多以模拟系统为主，未安装高清视频，且未能全覆盖（配备需要大量资金）。按照要求，学校应安装一键式报警装置，且要与公安联网。目前，大多数公办中小学幼儿园已安装一键式报警装置，但大多民办幼儿园未安装，且基本未与公安联网。加之防暴、反恐设施设备不足，安保人员年龄偏大等因素，使得一些学生的逃课、逃学行为以及在校园周边发生的盗窃、强拿硬要等违法行为得不到有效监控。通过对调研数据的统计和分析可以看到由在校学生参与的校园周边刑事案件大多数为盗窃、聚众斗殴至故意伤害案件，只有进一步加强学校设施建设，加强校园安全管理，加强对学生的管理，才能够有效防止这种情况的发生。否则校园治安管理的漏洞将给在校的师生的安全留下巨大隐患。

二是教育理念亟待转变。现阶段的教育模式所表现出的一些弊端却不容忽视。第一，城乡社会发展的差距和乡村教育资源的匮乏，使得一些乡村地区的教育严重滞后于时代的要求。乡村教师生活条件差、待遇低，导致一些乡村地区留不住教师，尤其是优秀教师。由于乡村教师队伍数量不足，整体素质偏低，无法保证乡村青少年受到良好的教育，更无法帮助其树立正确的人生观、世界观和价值观。第二，尽管素质教育已经提出并实行多年，但我国的教育体制改革仍没有从根本上实现由应试教育向素质教育的转变，很多学校依然热衷于应试教育，片面追求升学率。这种情况在乡村地区尤为突出，为了迎合乡村学生跳出农门的愿望，升学率成为乡村学校的首要任务，在日常教育中只教书不育人，忽视青少年的养成教育，没有向青少年传授一些为人处世的常识、社会公德、基本法律知识，加之一些部门和学校对安全工作重视程度仍然不够，存在麻痹侥幸心理，工作缺少部署、检查和落实。这种只注重智育不注重德育的培养模式，造成了一些乡村青少年良好品德的缺失。

三是学生法治意识淡薄，法治建设有待进一步提高。尽管各个学校都加强了学生安全知识和安全应急演练，但是，乡村青少年接受的法治教育仍明显不足，学生法治意识淡漠加之对如何缓解压力、树立正确人生观、价值观等方面的思想和心理教育缺乏、责任感缺失，致使一些校园暴力和学生校外犯罪、被侵害等悲剧事件时有发生，许多青少年甚至对一些基本的法律概念毫不知晓，觉得法律不存在、不重要，或者抱有侥幸心理，在不知不觉、不以为然中走上了犯罪道路。

四是学校规章制度、相关管理制度不够健全、教师的素质有待提高。部分学校内部管理制度不健全，对于教师素质和资质的审查有待于进一步加强。个别教师尤其是幼儿园、小学的教师利用职务之便侵害未成年人的现象比较典型。例如，在中牟县爱乡路广厦小区国学小书院幼儿园发生了一起实习教师性侵女童的案件。被告人刘某某，在该幼儿园三楼卫生间内，趁被害人常某某（女，2014 年出生）上厕所之机，用性器官摩擦被害人的性器官及附近部位，案发后，虽取得了被害人及其家属的谅解，但仍对儿童的身心造成了严重损害。最终被告人刘某某因犯强奸罪，被判处有期徒刑二年零六个月。这些管理漏洞给在校未成年人的安全留下了巨大的隐患。

（三）家庭环境及教育亟待改善

家庭作为最小的社会单元，对整个社会的稳定和谐起着至关重要的作用。西方犯罪学家对日本和瑞士低犯罪率的研究表明：控制同城市化、现代化有联系的犯罪率增长，其最有效的社会条件之一就是亲密的家庭纽带和邻居纽带。乡村青少年家庭关系的缺位是指，乡村青少年的父母外出务工、离异、离家出走等原因导致家庭结构的残缺。如果乡村青少年的父母缺位，乡村青少年与父母之间的亲子关系在一个时期将被剥夺，因此失去了父母的管束和关爱，在其道德和思想发展的关键时期缺失了最好的指路人。

家庭教育方式也是影响青少年健康成长的重要因素之一。在乡村青少年的家庭中，大多数乡村家长没能建立起与青少年成长相一致的教育理念，沿袭旧的教育方法，如有的父母坚持棍棒底下出孝子的方式管教青少年，一旦发现青少年犯了错误或有不良行为，未能采取有效的沟通教育方式，而是不分青红皂白地对青少年进行体罚和辱骂，甚至驱出家门，容易使青少年产生逆反心理，严重的会造成青少年与父母感情决裂，视自己父母为敌人，离家出走，流落街头散混。还有一种是放任型的父母，他们上有老小有小，经济压力巨大，不得不忙于外出务工，很少在家对青少年进行教育，也很少过问青少年的思想表现。由于缺少有效的沟通，极易形成思想隔阂，以致自青少年走向歧途了也不知道。

在乡村青少年家庭中，父母的道德素质部分偏低，其自身没有良好的行为习惯及道德操守，对青少年形成健全人格造成了负面影响，同时将不正确的世界观、人生观、价值观传递给青少年，扭曲了青少年的心灵。同时削弱了青少年的家庭教育，对青少年的家庭人文环境造成不利影响。

结合案件实际来看，乡村未成年人走上犯罪道路的确与家庭关系不和谐有关，家庭对青少年犯罪的影响主要体现在以下几个方面：一是家庭重组的情况增加。生活在重新组合或离异家庭中的青少年，受到不和谐家庭关系的影响，易产生各种反社会心理，从而走上违法犯罪的不归路；二是乡村家庭重物质轻精神。缺乏对青少年的教育和引导，导致孩子易受不良因素的影响；三是部分乡村家庭重男轻女，造成孩子形成不良的生活习惯和不健康的心理，男孩易在宠溺中形成陋习和拜金主义，女孩易在自卑中产生怨恨和报复心理；四是城市化的发展和外出务工人员的增多，导致乡村留守青少年也日渐增多，他们多由祖辈照看，或无人看管，缺乏全面的保护和监管，对孩子出现的异常表现往往不能及时发现。可见，缺少父母的关爱和教育不仅是一种心灵上的伤害，更是导致孩子被非法侵害或产生违法行为的诱因之一。

（四）未成年人心智及法治意识亟待提高

在社会发生飞速变化的背景下，崇尚权力、武力、金钱的一些观念对青少年的价值观产生了不良影响。很多未成年人生理过早成熟，从外形上看都像是成年人，而心理上又欠成熟，缺乏客观自我评价能力以及客观评判是非能力，处理问题以自我中心角度出发，缺乏互相理解的习惯和能力，当遇到个人认为不公平的事情时不能冷静处理，情绪波动较大，易产生厌世嫉俗心理，加之对法律的认识不足，很容易误入歧途。更有一些年轻人在网络暴力、社会不良人员的影响下世界观、人生观和价值观渐渐扭曲，长期不学无术、精神空虚、好逸恶劳，妄图不劳而获，又缺乏道德的约束，试图通过实施违法犯罪行为寻求刺激，最终走上了盗窃、抢劫、故意伤害等犯罪道路。此外，许多未成年人正处于青春期，性教育对他们来说尤为关键，虽然近年来性知识教育普及已经逐步在社会、学校和家庭进行推广，但仍有不足，尤其是对如何保护自己防止受到性侵害、受到伤害后如何处理这一系列知识掌握得还不够完备，导致在受到侵害后由于害怕等原因不及时报警，致使受害时间和次数增多。

三、完善涉乡村学校周边安全的对策及建议

（一）加大重视、多方联动、形成合力

建议在各个乡村学校所属辖区成立由行政部门、综治部门、司法部门、公安机关、基层组织等部门组成的学校周边安全综合治理小组，多措并举，精心部署，进一步提高乡村校园周边安全防范能力。要加大巡防密度，进一步优化社会巡防工作布局，把校园周边作为重点区域，保持常态化、高密度的巡逻防控。要开展定点守护，公安机关警力和社会群防群治力量互相配合，形成驻点守护、周边巡逻相结合的立体防控网络。要依法严厉打击涉校园及周边安全、侵害未成年人权益的各类犯罪，继续开展校园欺凌和暴力专项治理活动，审理好涉校园欺凌案件，彻底改善校园周边环境。要加强乡村学校安全经费投入，安装必要的视频监控和报警装置，对于安保薄弱的学校，各级财政要划拨专项经费，配齐配强学校防暴、反恐设备设施。要配备经过专业训练的安保人员担任学校保卫，提高乡村学校安全保障水平。教育部门要加强对乡村学校及边远学校的安全检查指导，及时发现问题，及时解决问题，使学校安全无死角。要在学校门口设置隔离栏、安全警示标志、减速带，加快学校周边公共设施建设等，努力解决好校园及周边安全问题。

（二）加大乡村学校管理及法治、安全教育工作力度

大力加强乡村学校管理、发展乡村教育是遏制乡村青少年犯罪的重

要途径。一是重视乡村基础教育，包括对学龄前儿童的教育、九年义务教育和对青壮年的文化理论教育。加大对乡村学校的教育投入力度，切实提高乡村教师职业水平，以健全的教师人格魅力和良好的道德品质为青少年做好榜样。二是乡村学校要彻底改变应试教育的教学理念，切实推进素质教育，着力提高乡村青少年综合素养。要把德育、法治教育工作摆在素质教育的首要位置，贯穿于教育教学的各个环节，要对学生加强《宪法》《未成年人保护法》《预防未成年人犯罪法》等法律法规教育，可以聘请法治副校长和法律专家每个月至少给学生讲授一次，使他们逐步树立正确的世界观、人生观、价值观，养成良好的思想品质和崇高的道德情操，懂得用法律保护自己合法权益。三是建立起家庭、学校、社会在教育上的互动防范体系，保证青少年在家庭中受到呵护，在学校和社会上得到关注，帮助青少年培养完善的人格，抵制不良诱惑。四是建立、完善学校心理咨询室，开展乡村青少年心理疏导。部分乡村青少年存在一定的心理障碍和心理偏差，耐心细致做好心理辅导工作，用肯定评价使其增强自尊心和自信心，激起他们改变不良行为的内在动机。对有不良行为的乡村青少年应及时制止其与社会上的不良青少年之间的联系或非正常的交往，避免来自社会与闲散人员带来的不良影响。

（三）重视家庭保护，着力发挥家庭教育基础作用

重视家庭教育，家庭是孩子生活的第一驿站，孩子的人格、人生观、价值观等方面的发展都与家庭环境密不可分。未成年人违法犯罪与其所处的家庭环境、所接受的家庭教育密切相关，而提高家庭教育的质量和水平是预防未成年人犯罪极其重要和有效的途径。一是乡村青少年正处于生理与心理发育的重要时期，父母仍要正视自己的责任，多关心孩子生活与学习，细心观察青少年的反常举动，耐心管教适时进行有效地批评教育。二是父母要从严要求自己，用自己的言行，展现出良好的道德风范和正确的世界观、人生观、价值观，给乡村青少年树立遵纪守法的榜样。三是乡村青少年父母要不断改进教育方式和理念，逐步提高家庭

教育质量，采取科学正确的教育方法对他们进行教育和引导，帮助其解决成长过程中的各种心理、生理及日常生活问题。

（四）重视案件前伸后延，全面保护未成年人合法权益

作为法院，在审理涉乡村未成年人刑事案件过程中，应坚持“教育为主，惩罚为辅”的原则和“教育、感化、挽救”的方针，依法从轻、减轻或免除对未成年被告人的处罚。建议依照有关法律规定，坚持未满 18 周岁涉乡村未成年人犯罪案件一律不公开审理，尊重和保护未成年人合法权益。秉承“寓教于审”的理念，不仅力争实现案结事了，还要求加强庭审教育，使未成年被告人认识到自己行为的社会危害性，帮助他们改过自新、重拾学习、生活的信心。在审理民事案件过程中，要坚持维护涉乡村未成年人合法权益的宗旨，“能调则调、当判则判”，充分体现对他们最大利益的特殊保护和优先保护。

（五）加强法治教育工作力度，积极开展普法活动

针对乡村未成年人的法治普及，司法部门应主动作为，在做好审判工作的同时，与有关单位做好对接，结合自身工作特点，深入乡村学校、村庄开展多项法治宣传活动，积极做好“一校一法官”“开学第一堂法律课”“送法进校园”等系列送法活动的组织和协调工作，对失足少年进行判后跟踪回访、积极参与社会矫治，持续向他们传递司法温暖。一方面，要常态化开展乡村法治课堂、法治讲座等活动，通过真实案例介绍、现场互动、印发法治宣传小册子等方式，告诉乡村孩子们如何学法、守法以及违法的严重后果，同时在授课时要着重向未成年人介绍如何保护自身安全、怎样防溺亡、防性侵、防家暴等知识，告诫未成年人一定要学会运用法律保护自己的合法权益；另一方面，要充分利用未成年人对新兴网络媒体的兴趣，积极利用“两微一端”等网络平台向他们推送法律常识，引导他们树立正确的世界观、人生观、价值观，不断提高青少年法治意识和安全保护意识。

少年审判之合肥经验

陈　思*

摘要：本文从合肥法院少年审判的历程出发，总结阐述了对未成年人刑事案件集中管辖和分案审理的积极意义和必要性，以及审判实务中所形成的一系列特色少年审判制度。为贯彻实施《最高人民法院关于加强新时代未成年人审判工作的意见》，合肥法院大胆尝试设置专门审判团队审理未成年人民事案件，大力推动未成年人民事审判与家事审判融合发展。充分发挥多元化机制的职能作用，增强未成年人权益保护和犯罪预防的工作合力。同时，对涉未成年人行政案件和受害人是未成年人的刑事案件提出了自己的建议。本文是合肥法院少年审判的经验总结和研究成果。

“少年智则国智，少年强则国强，少年进步则国进步。”未成年人是国家的未来、民族的希望。未成年人健康成长，关系亿万家庭的幸福安宁，关系社会的和谐稳定，关系国家的长治久安。随着经济社会发展，未成年人的成长环境出现新的特点，接触新事物的意识增强、途径增多，风险也日益增大，未成年人保护和犯罪预防面临考验。涉及未成年人的案（事）件亦经常成为舆论焦点、社会痛点、治理难点。2020 年 12 月 24 日，最高人民法院印发《关于加强新时代未成年人审判工作的意见》，

* 作者单位：安徽省合肥市中级人民法院。

对做好新时代少年审判工作提出了新的更高要求。为贯彻实施该意见，合肥市两级法院充分发挥未成年人审判职能作用，积极探索预防、矫治未成年人违法犯罪长效机制，将未成年人审判工作落于实处，勇于改革创新，坚持未成年人利益最大化原则，切实维护未成年人合法权益，保障未成年人健康成长。截至 2021 年 4 月，合肥市两级法院全部设立少年审判机制，进一步推进未成年人审判专业化建设和上下归口管理。2018 年以来，合肥市两级法院共审理涉未成年人犯罪刑事案件 458 件，涉未成年人民事案件 4417 件。

一、合肥法院少年审判的历程

我国少年司法理念从 20 世纪 80 年代开始树立，经历了三十多年的创新发展，探索出适合未成年人刑事审判的一些经验和做法，并由此衍生一些相关的原则与规则，确立了未成年人司法理念的价值取向是教育、挽救而非惩罚，实现了对未成年人犯罪与成年人犯罪的区别化对待。在理念指导之下，少年司法制度得到蓬勃发展，少年审判专业化的模式取得长足进步。以 1984 年上海市长宁区人民法院的始设为标志，少年审判专业化机构——少年法庭已走过三十多个春秋，它不仅承载着少年审判职能，对少年审判队伍来说亦是凝心聚力的旗帜。近几年来，因法院内设机构改革，很多法院又将少年法庭进行了撤并，未成年人刑事案件又重归刑事审判庭，少年审判专业化的模式受到了冲击。安徽省合肥市中级人民法院（以下简称合肥中院）为推动未成年人刑事审判工作专门化、专业化，有效的贯彻落实国家关于未成年人的特殊刑事政策和司法保护的各项规定和要求，2006 年 1 月，由合肥中院指定合肥市包河区人民法院集中管辖审理合肥市辖区内未成年人刑事一审案件，合肥市肥东县、肥西县、庐江县、巢湖市法院刑庭各自审理本辖区的未成年人刑事一审案件。开启了合肥法院未成年刑事案件集中审判之路。2008 年 5 月，合肥市包河区人民法院独立建制了未成年人审判庭。2018 年 5 月合肥中院又推动出台了《合肥市一审未成年人刑事案件集中管辖和分案审理的规定》，将全市基层法院未成年人一审刑事案件全部集中到包河区人民法院审理，并对成年人与未成年人共同犯罪案件进行分案审理，合肥法院少年审判不断走向成熟。

二、合肥法院少年审判的特色亮点

（一）对未成年人刑事案件集中管辖、分案审理

合肥中院于2013年设立未成年人审判庭，专门审理合肥市未成年人刑事一、二审案件和民事二审案件。为提高未成年人刑事案件的审判质效，有效整合司法资源，统一执法尺度，实现未成年人司法保护工作的集约化、专业化，增强对涉罪未成年人的司法保护力度。2018年5月，合肥中院根据相关法律规定，书面报告合肥市政法委，通过沟通协调合肥市公安局、合肥市人民检察院、合肥市中级人民法院、合肥市司法局四家单位联合签署了《关于合肥市一审未成年人刑事案件集中管辖和分案审理的规定》（合中法〔2018〕65号），对相关问题作如下规定。

第一条 人民法院、人民检察院、公安机关、司法局及相关部门在办理未成年人刑事案件时，应加强联系与配合，确保本规定的有效实施。

第二条 合肥市各县（市）、区涉及未成年人犯罪嫌疑人、被告人的一审刑事案件，除依法应当由市中院审判外，统一指定由合肥市包河区人民法院集中管辖。

第三条 合肥市包河区人民检察院设立未成年人刑事检察科，负责未成年人刑事案件的审查批准逮捕和审查起诉。合肥市包河区人民法院设立未成年人刑事审判庭，负责未成年人刑事案件的审判。

第四条 合肥市各县（市）、区公安机关将未成年人刑事案件及共同犯罪中的未成年人进行分案，除依法应当由市检察院办理的案件外，集中移送至合肥市包河区人民检察院审查批准逮捕和审查起诉。

第五条 刑事自诉案件中自诉人或被告人系未成年人的，自诉人应直接向合肥市包河区人民法院起诉。自诉人坚持向其辖区人民法院起诉

的，该法院应先予受理，再将案件移送至合肥市包河区人民法院。

第六条 合肥市各县（市）、区的未成年人犯罪嫌疑人、被告人集中羁押于合肥市看守所、合肥市女子看守所。

第七条 在审查起诉和审判阶段，未成年人犯罪嫌疑人、被告人没有委托辩护人的，分别由合肥市包河区人民检察院和合肥市包河区人民法院书面通知合肥市包河区法律援助中心指派律师为其提供辩护。

第八条 对于分案审理的案件，合肥市包河区人民法院未审庭与审理共同犯罪中成年人刑事案件的刑庭在证人出庭、定罪量刑等方面，应当加强沟通和协调。

第九条 本规定所称的未成年人刑事案件是指：

1. 犯罪嫌疑人、被告人犯所涉罪名时不满十八周岁的案件；

2. 刑事自诉案件中自诉人、被告人双方或一方不满十八周岁的案件。

第十条 本规定自2018年7月1日起施行。本规定施行前，人民检察院正在审查起诉或人民法院正在审理的未成年人刑事案件，不执行本规定。

1. 创新集中审理未成年人刑事案件的积极意义如下。

第一，未成年人刑事案件指定管辖、集中起诉、集中审理改革以来，实现了对涉罪未成年人教育、感化、挽救的无缝衔接，加大了对涉罪未成年人的司法保护力度，有效维护了未成年人合法权益。

第二，统一司法尺度，实现定罪量刑的平衡。未成年人刑事案件分布于各个基层法院，往往量刑上容易发生不平衡。集中审理，避免区域内未成年人刑事案件量刑的过度悬殊，体现司法公正和人文关怀。

第三，有利于积累少年审判经验，形成较为成熟的少年审判队伍。未成年人刑事法官在集中审理大量鲜活的典型案例时，努力破解司法实践中的新难题，从而积累丰富的审判经验，不断提升少年审判的专业化水平。

第四，有利于优化审判资源配置，降低诉讼成本，提高审判效率，稳固少年审判机构。近年来，由于全社会对未成年人法制教育工作的重视，以及预防未成年人犯罪措施的完善，未成年人刑事案件呈现减少趋势，在案件减少的形势下，不削弱未成年人刑事审判的力量，这就需要重新合理调整审判资源，避免审判资源的浪费。

第五，有利于统计、分析、调研，形成特色审判制度。

2. 未成年人刑事案件分案审判的必要性。《最高人民法院关于加强新时代未成年人审判工作的意见》规定，未成年人与成年人共同犯罪案件，一般应当分案审理。未成年人身心尚未成熟，具有不同于成年人的群体特性，因此，从保护未成年人的利益出发，有必要建立分案审理制度。

一是未成年人与成年人刑事案件审判程序存在差异。修改后《刑事诉讼法》将未成年人刑事案件诉讼程序作为专章列入特别程序编，规定了办理未成年人刑事案件的方针、原则，确立了保障法律援助、开展社会调查、法定代理人和合适成年人到场、不公开审理、轻罪犯罪记录封存等一系列制度。未成年人刑事审判程序的设计与运行讲究营造感化未成年人的庭审气氛，突出与强调庭审教育等，这些设置，客观上要求对未成年人案件与成年人案件分案审理。不分案审理不利于震慑成年犯罪分子，也不利于对未成年被告人开展教育。因为在未成年人庭审过程中营造轻松、和缓的氛围，对同案受审的成年被告人而言，则难以使其感觉到法庭审判的威严和法律的震慑力，不利于促使其认罪服法。同时，也影响了少年审判程序本身对未成年人的教育功能。

二是提升办案效率的需要。在未成年人与成年人共同犯罪的案件中，由于成年罪犯到案后出现辩解、推诿责任、不能如实交代犯罪事实的情形较多，对于成年人犯罪部分往往需要更长的审查期限，导致犯罪事实清楚的未成年犯也要承担同样的审查期限；且未成年人具有法定的从轻、减轻情节，而现阶段的刑事诉讼基本是以成年人为标尺构建的，如果其中一个成年罪犯不能适用简易程序，将导致全案适用普通程序，这就造成无法实现对未成年人犯应有的司法保护。分案审理有利于建立未成年人犯罪案件快速办理通道，在法律规定的办案期限内尽可能缩短时间，简化办案手续，尽快对案件的定性、处理提出意见，提高诉讼效率。分案审理后，合肥法院未成年人案件认罪认罚简易程序的适用率达到80%以上。

三是避免未成年人遭受“交叉感染”的需要。对未成年人分别羁押、分案侦查，分案审判有利于保护未成年人的身心健康、避免交叉感染。首先，未成年罪犯与成年罪犯混居在一起，天长日久、耳濡目染，很容易会染上各种各样的犯罪思想，学会各种犯罪的方法和手段。同时，未成年人由于身心和智力发育的不成熟，在看守所难免受到成年犯的欺负和压迫，容易使未成年人形成仇视他人和对抗社会的心理。因此分管、分押，对未成年人区别对待，可以有效地维护未成年人的合法权益，更加有利于对未成年人进行有针对性的教育，保护未成年人的健康成长。其次，分案侦查有利于促成“未成年专案组”专人审查的模式，采用符合未成年人身心特点的讯问和审查方式，可以消除其紧张的心理和抵触情绪，引导其全面彻底地叙述案件事实，有利于案件事实的查明。再次，在未成年人与成年人共同犯罪案件的庭审过程中，常会出现未成年人因为忌惮成年同案人，在交叉讯问与质证时不敢指证其罪行，或受成年顽固犯对案件事实进行抵赖、狡辩，蔑视法庭，对抗法律的负面影响，不能很好地认罪、悔罪，以致影响庭审教育阶段的教育效果。实行分案审判制度则可以避免或减少上述现象的发生，有效防止未成年人在庭审过程中受到成年犯的“法庭污染”。同时，在法庭上可以有针对性地对未成年被告人进行道德法治教育，进一步做好教育感化挽救工作，加强了对失足未成年人身心的司法保护，使失足未成年人早日回归社会。

四是保障成年被告人家属及利害关系人知情权的需要。未成年人与成年人共同犯罪案件，在涉及庭审尚未满18周岁的未成年被告人时，依法一律实行不公开审理；在涉及庭审时已满18周岁未成年被告人时，虽依法公开审理，但因未成年人轻罪犯罪封存制度（被处五年以下有期徒刑的），也需限制庭审的旁听人数，这就造成共同犯罪案件中成年被告人的家属旁听庭审的权利被剥夺。而适用分案审理后，成年人犯罪部分单独开庭，不再受不公开审理的限制，有效地解决了合并审理造成同案成年被告人家属被“拒之门外”的问题，保障了他们的知情权。

五是可以减少成年被告人的上诉率。

（二）探索特色审判制度，突出教育、感化、挽救

合肥法院积极推进未成年人审判工作改革发展，努力实现对未成年人权益的全方位保护，从未成年人身心特点和未成年人司法保护工作实际需要出发，形成社会调查、圆桌审判、合适成年人、犯罪记录封存、回访考察、多元调解、诉讼引导、社会观护和温情陪护、心理疏导、“一个中心，两个延伸”“三心、四见面”等一系列特色审判制度和方法。始终坚持“教育为主，惩罚为辅”的原则，将“教育、感化、挽救”的方针融入未成年人审判全过程。坚持社会调查、法定代理人参加诉讼、不公开审理、寓教于审、及时处理的“五个原则”，充分保障未成年被告人的各项诉讼权利。牢牢把握开庭前、庭审中、宣判前和宣判后四个最有效的教育环节，依托公诉机关、被害人、法定代理人等多个主体，开展庭审前的审前教育、庭审过程的法庭教育、庭审后的帮扶教育，分步骤、有区别地进行耐心教育和真情感化，最大程度挽救失足未成年人。加大非监禁刑适用力度，对于初犯、偶犯，主观恶性不深，经教育不致再危害社会的未成年被告人，最大限度适用缓刑等非监禁刑，为其提供较为宽松的改造环境。在此基础上，合肥中院于2021年7月依据《最高人民法院关于加强新时代未成年人审判工作的意见》制定了《未成年犯罪人判后帮教工作意见》。

三、设置专门审判团队审理未成年人民事案件，大力推动未成年人民事审判与家事审判融合发展

最高人民法院自2016年6月1日起在全国范围内选择部分法院开展家事审判方式和工作机制改革试点工作，2018年7月18日，最高人民法院发布《关于进一步深化家事审判方式和工作机制改革的意见（试行）》。为顺应家事审判改革的需要，合肥中院将家事纠纷案件纳入本院

未成年人审判庭审理，同时指导各基层人民法院设立专门审判团队审理家事纠纷案件。为贯彻落实《最高人民法院关于加强新时代未成年人审判工作的意见》。合肥中院指导各基层法院设置专门审判团队挂牌“少年法庭”专门审理未成年人民事案件和家事纠纷案件。截至 2021 年 4 月，合肥两级法院完成了“少年法庭”全覆盖，实现了未成年人刑事、民事案件审判专业化和上下归口管理。

优化审判资源配置，成立专门的审判团队，将家事案件吸纳至少年法庭，专审未成年人民事案件和家事案件，大力推动未成年人民事审判与家事审判融合发展，让未成年人民事审判与家事审判在各自相对独立的基础上相互促进、协调发展。根据家事审判与少年审判“理念相通”“程序相近”的特点，将少年审判“未成年人利益最大化”的工作理念以及庭前社会调查、诉中调解、心理疏导等工作方法植入家事审判，积极推进家事纠纷多元化解，修复婚姻关系和亲子关系，为少年儿童健康成长寻找“最佳方案”，更好地维护未成年人合法权益，促进家庭和谐、社会安定。单亲家庭和离异家庭的未成年子女，往往得不到应有的父爱、母爱和管教，产生自卑和怨恨心理，从而陷入犯罪泥潭的不乏其人。家庭是社会的细胞，家庭安定是社会和谐的基础。审理好每一起婚姻家庭案件，也为预防未成年人犯罪打下基础。

四、加强协作配合，增强未成年人权益保护和犯罪预防的工作合力

一方面，加强与公安、检察、司法行政等部门的协作配合，健全完善“政法一条龙”工作机制，严厉打击侵害未成年人犯罪，有效预防、矫治未成年人违法犯罪，全面保护未成年人合法权益。惩罚只是手段，预防才是目的。几年来，合肥法院未审庭按照“跳出案件看矫正、走出法庭谈预防”的工作思路，坚持“走出去”和“引进来”相结合的方式，在司法审判和社会维权有机统一的架构内，加强与教育、共青团、妇联、关工委等职能部门、社会团体的协调合作，积极探索审判机关与

社会力量既相互协调又相互促进的“社会一条龙”工作体系建设，努力实现青少年犯罪特殊预防和一般预防的有机结合。建立多元化的帮教平台，积极预防未成年人犯罪。

另一方面，建立以社区、学校为平台的帮教基地，解决外地籍未成年人罪犯的帮教问题和在校学生复学和行为矫正问题。与辖区内学校加强联系，并与相关学校共建“法制教育基地”，选派法官、法官助理担任“法治副校长”，充分发挥青少年法制教育基地作用，教育引导未成年人遵纪守法，增强自我保护意识和能力，积极预防未成年人犯罪。

五、对涉未成年人行政案件和受害人是未成年人刑事案件的一点建议

未成年人行政案件数量很少且以家庭成员为主体不是独立主体，适用的是行政法律、法规，无须特殊保护，为保证案件质量和统一裁判尺度笔者认为不宜归口少年法庭审理。受害人是未成年人的刑事案件，因受害人不是案件当事人，我国刑事法律、法规早有特别规定，从侦查、起诉和审判全程予以保护，已体现了双向保护。并非放到少年法庭审理才能体现双向保护，审判实务中如分案归口少年法庭审理，程序上操作难度较大，笔者认为暂且也不宜归口少年法庭审理。

综上所述，合肥法院已实施完成了合肥市涉未成年人的刑事、民事案件由两级法院未成年人审判庭和少年法庭专门审理，实现了未成年人审判工作的上下统一归口管理。下一步，我们将紧紧围绕预防未成年人犯罪和保护未成年人两项重点工作，勇于探索，积极调研，努力打造合肥法院未成年人审判品牌，增强合肥法院未成年人审判的影响力和社会公信力，为我国新时代未成年人审判工作作出更大的贡献。

【规范性文件】

中共中央办公厅　国务院办公厅
关于加强新时代关心下一代工作委员会工作的意见

（2022 年 2 月 9 日）

党的十八大以来，全国各级关心下一代工作委员会（以下简称关工委）认真贯彻落实党中央关于关心下一代工作的决策部署和习近平总书记重要指示批示精神，团结动员广大老干部、老战士、老专家、老教师、老模范（以下简称“五老”）等离退休老同志参加关心下一代工作，为支持和帮助青少年成长成才作出了积极贡献。在全面建设社会主义现代化国家新征程中，关心下一代工作面临新形势新任务。为进一步发挥各级关工委和广大“五老”在教育、引导、关爱、保护青少年方面的独特优势和重要作用，现就加强新时代关工委工作提出如下意见。

一、总体要求

（一）指导思想。以习近平新时代中国特色社会主义思想为指导，深入贯彻党的十九大和十九届二中、三中、四中、五中、六中全会精神，深入贯彻习近平总书记关于关心下一代工作的重要指示批示精神，坚持“急党政所急、想青少年所需、尽关工委所能”的工作方针，以培育和践行社会主义核心价值观为主线，以理想信念、思想道德、传统文化、科技素养和法治教育为重点，充分发挥“五老”在教育引导和关爱保护青少年方面的优势作用，促进青少年成长成才，为培养德智体美劳全面发展的社会主义建设者和接班人贡献力量。

（二）工作原则。坚持党对关工委工作的领导，自觉把党的领导贯彻到关工委工作全过程各方面，切实增强“四个意识”、坚定“四个自信”、做到“两个维护”；坚持服务党和国家工作大局，积极配合、主动作为，找准工作的结合点和着力点，为党和国家中心工作助力添彩；坚持把立德树人作为根本任务，大力加强青少年思想政治工作，引导广大青少年以实现中华民族伟大复兴为己任，努力学习、健康成长、艰苦奋斗；坚持发挥“五老”的优势作用，弘扬“忠诚敬业、关爱后代、务实创新、无私奉献”的“五老”精神，尊重“五老”，爱护“五老”，学习“五老”，支持更多老同志在关心下一代的广阔舞台上老有所为、发光发热；坚持与时俱进、改革创新，遵循青少年成长规律，积极探索适合关工委特点的方法路径，使关心下一代工作始终充满生机活力。

二、重点任务

（三）坚持用习近平新时代中国特色社会主义思想铸魂育人。深入贯彻落实《中共中央、国务院关于新时代加强和改进思想政治工作的意见》，充分发挥“五老”报告团、宣讲团作用，在青少年中持续开展习近平新时代中国特色社会主义思想宣传教育活动，打牢青少年成长成才的思想根基。加强理论宣传普及和阐释解读，深入宣传党和国家重大战略部署和政策举措，让党的创新理论走进青少年、引领青少年，增强青少年做中国人的志气、骨气、底气，引导其积极投身于全面建设社会主义现代化国家的火热实践中。

（四）讲好红色故事、传承红色基因。实施传承红色基因工程，组织“五老”深入青少年中，讲好党的故事、革命的故事、根据地的故事、英雄和烈士的故事，把红色故事中蕴含的革命精神和时代价值讲出来，大力弘扬党的优良传统和作风，教育引导青少年从党的辉煌成就、艰辛历程、历史经验、优良传统中深刻领悟中国共产党为什么能、马克思主义为什么行、中国特色社会主义为什么好，牢记红色政权是从哪里来的、新中国是怎么建立起来的，进一步增强爱党报国情怀。组织青少年瞻仰参观革命博物馆、纪念馆、党史馆、烈士纪念设施，老少携手开展读书、征文、演讲、展演、夏令营冬令营等形式多样的实践教育活动。深入开展党史、新中国史、改革开放史、社会主义发展史学习教育，用中国共产党人精神谱系教育青少年，引导其从中汲取信仰力量，筑牢理想信念之基。

（五）积极引导青少年培育和践行社会主义核心价值观。深入贯彻落实《新时代公民道德建设实施纲要》、《新时代爱国主义教育实施纲要》，紧紧抓住青少年价值观形成的关键时期，全面加强青少年思想道德建设，广泛开展社会主义核心价值观教育，不断强化教育引导、实践养成和制度保障。组织动员“五老”到广大青少年中深入开展爱国主义主题教育活动，弘扬爱国传统，引导青少年不断增强爱国意识和爱国情怀，牢固树立正确的世界观、人生观、价值观，牢固树立马克思主义祖国观、民族观、文化观、历史观，铸牢中华民族共同体意识。充分发挥各地历史文化优势，利用好历史文化遗产特别是历史文物和传统节日，大力弘扬中华优秀传统文化，引导青少年感受中华文化魅力，传承中华传统美德。深入开展“扣好人生第一粒扣子”、“大手拉小手”、“老少共筑中国梦”主题活动，广泛组织“新时代好少年”学习宣传，发挥先进典型的示范引领作用，用高尚的道德精神和价值追求激励教育青少年。

（六）加强青少年法治教育和权益保护。关工委要履行好未成年人保护法、预防未成年人犯罪法规定的法定职责。持续开展“关爱明天、普法先行”青少年法治宣传教育活动，推动法治教育进学校、进农村、进社区、进家庭、进企业，教育引导青少年树立尊法、学法、守法、用法意识。开展法律知识竞赛、模拟法庭和青少年维权岗等活动，提高青少年运用法律保护自身合法权益的意识和能力。组织“五老”参与预防、减少青少年违法犯罪工作和未成年人司法保护工作，发挥其在帮教失足青少年工作中的独特优势。

（七）实施“五老”关爱下一代工程。深化关爱助学工作，着力为青少年成长成才办实事解难事。对困境青少年的帮扶要从物质层面更多地深入到精神层面，在生活上关爱的同时更加注重从思想上关心、情感上关怀、心理上疏导，帮助他们健康成长、全面发展。动员“五老”依托儿童之家、青少年活动室、农家书屋、复兴少年宫等阵地，协同做好农村留守儿童、流动儿童、事实无人抚养儿童等青少年群体的关爱与服务工作。发挥“五老”在乡村振兴中的服务和推动作用，开展农村青年农业生产经营人才、农村二三产业发展人才、乡村公共服务人才、乡村治理人才、农业农村科技人才、乡村工匠等培训，助力培养有理想、懂技术、会管理、会经营的乡村新型青年人才。发挥老同志传帮带作用，推进劳模工匠进校园活动，加强青少年劳动教育；大力弘扬劳模精神、劳动精神、工匠精神，助力培养有理想守信念、懂技术会创新、敢担当讲奉献的青年产业工人队伍。

（八）优化青少年健康成长的社会环境。推动构建促进青少年德智体美劳全面发展的教育培养体系，动员“五老”参与群众性精神文明创建活动，组织青少年在课余、假期开展健康向上的文体活动和社会实践；组织“五老”担任少先队校外辅导员，引导少先队员从小培养对党和社会主义祖国的朴素情感。认真落实家庭教育促进法，积极开展家庭教育工作，深化“‘五老’弘扬好家教好家风”主题活动，讲好红色家风故事，引导青少年在家做一个好孩子、在学校做一个好学生、在社会做一个好公民，助力构建家庭学校社会协同育人的工作机制。加强网络环境保护，积极运用微博、微信、手机客户端等新媒体传播正能量，引导青少年文明上网、科学上网，参与净化网络空间和网吧义务监督活动，呵护青少年健康成长。

三、推进新时代关工委建设

（九）巩固拓展组织体系。适应服务对象、服务内容、服务方式的变化和需求，按照“领导班子建设好、‘五老’作用发挥好、制度健全执行好、积极探索创新好、活动经常效果好”的标准，加强关工委组织建设。

在“五老”和青少年集中的活动场所加强组织和工作覆盖，不断扩大关工委关爱教育青少年的渠道。加强关工委基层组织建设，支持学校、机关、社区、行政村、企事业单位、干休所等组建关工委组织，实现活动联办、资源联用、协调发展。

（十）加强教育阵地建设。坚持因地制宜，创新形式，建好全国关心下一代党史国史教育基地、中国关心下一代教育基地、“五老”工作室等教育阵地，提高利用率和青少年参与度。积极支持和参加爱国主义教育基地、青少年教育基地、少先队校外实践教育营地（基地）、社区家长学校等家庭教育指导服务站点、儿童之家建设，用好青少年宫、儿童活动中心、博物馆、陈列馆、档案馆、文化馆、图书馆、美术馆、科技馆等各类社会实践活动基地，提升青少年思想道德教育的生动性和直观性。加强关工委网络阵地建设，推动思想政治工作传统优势与现代信息技术高度融合，打造线上线下有机结合、相互促进的关心下一代工作平台。

（十一）推进工作品牌建设。培育和形成一批青少年喜闻乐见、符合时代特征、具有时代气息的青少年思想道德建设、预防未成年人犯罪、加强民族团结、助力乡村振兴等方面的关爱教育工作品牌，使青少年在参与各项主题活动中，增强爱党爱国爱社会主义意识，树立起为实现中华民族伟大复兴而勤奋学习、艰苦奋斗的远大志向，立志听党话、跟党走。巩固提升多年来开展关心下一代工作形成的品牌，不断赋予品牌新内容，服务青少年成长成才。

（十二）注重理论研究。深入调查研究，了解青少年成长成才中出现的新情况新问题，总结推广行之有效的经验做法，及时向党委和政府以及有关部门建言献策。加强关心下一代工作理论研究，把握关心下一代工作的特点规律，研究解决制约关工委工作发展的重点难点问题，注重将理论成果转化为解决实际问题的工作政策和制度机制。

（十三）加强宣传工作。鼓励支持出版社、电视台、广播电台、网站、报社等推出符合青少年特点、贴近青少年需求、服务青少年健康成长的书籍、节目和栏目等，营造共同支持关心下一代工作的良好氛围。

宣传“五老”队伍中涌现出的先进典型和感人事迹，宣传报道“五老”服务青少年健康发展、促进社会和谐的典型经验做法。

四、强化组织实施

（十四）加强党的领导。各级党委和政府要重视关心下一代工作，支持更多老同志参加关心下一代工作。理顺和完善领导机制。各地要加强统筹谋划，认真研究部署，强化经费保障，推动关心下一代工作更好发展。

（十五）健全工作机制。建立健全党委统一领导、党政齐抓共管、关工委主动作为、有关部门积极配合、社会各界广泛参与的关心下一代工作机制。建立健全关工委成员单位联席会议制度，在各级党委领导下，各成员单位发挥职能作用，加强对关工委工作的支持和配合，形成共同关爱服务青少年健康成长的工作氛围。

（十六）加强队伍建设。广泛动员政治素质高、热心公益事业、具有奉献精神的老同志参加关工委工作，及时把新退出领导岗位、身体健康、热爱青少年工作的老同志充实进关工委领导班子。建立健全“五老”常态化退出和补充机制，努力建设一支素质优良、人数众多、覆盖面广、结构合理、扎根基层、富有活力的“五老”队伍。探索完善“五老”、志愿者、社会工作者相结合，关工委与相关部门相结合的关心下一代工作模式。采取灵活多样的形式，有计划地开展学习培训，努力将关工委建设成老有所为的重要舞台、老有所学的重要课堂、老同志服务党和国家事业发展的重要阵地。各地可结合实际，对从事关心下一代工作的“五老”给予关怀帮助，在春节、重阳节等传统节日进行看望慰问，帮助他们解决实际困难。对在关心下一代工作中作出突出贡献的“五老”，按规定给予鼓励和表彰。

教育部　中央编办　司法部

关于加强教育行政执法深入推进校外培训综合治理的意见

2022 年 1 月 25 日　　　　教监管〔2022〕1 号

各省、自治区、直辖市教育厅（教委）、党委编办、司法厅（局），新疆生产建设兵团教育局、党委编办、司法局：

为深入贯彻落实中共中央办公厅、国务院办公厅《关于进一步减轻义务教育阶段学生作业负担和校外培训负担的意见》和《法治政府建设实施纲要（2021—2025 年）》精神，加强校外培训监管行政执法工作，不断提升校外培训治理能力和治理水平，现提出如下意见。

一、总体要求

1. 指导思想。坚持以习近平新时代中国特色社会主义思想为指导，全面贯彻党的教育方针，落实立德树人根本任务，加强校外培训监管行政执法工作，全面构建校外培训执法体系，全面提高校外培训监管行政执法质量和效能，依法严格查处校外培训违法违规行为，确保“双减”工作扎实有效，努力办好人民满意的教育。

2. 工作原则。坚持党的全面领导，确保校外培训监管行政执法正确方向；坚持以人民为中心，执法行为必须为人民服务、对人民负责、受人民监督；坚持依法行政，建立健全校外培训执法力量，落实严格规范公正文明执法要求，健全校外培训监管机制；坚持统筹推进，强化部门协同，推进联合执法。

3. 工作目标。到2022年底，教育行政部门对校外培训监管行政执法制度基本建立，各级各有关部门之间的统筹协调机制基本理顺，执法力量得到明显加强，执法质量和效能大幅提高。到2024年，基本建成权责明晰、管理规范、运转顺畅、保障有力、监管到位的校外培训监管行政执法体系。

二、健全校外培训监管行政执法现有机制

4. 坚持分工合作。各有关部门要在党委和政府的统一领导下，明确职责，各司其职，分工合作，推进上下级之间、同级之间、异地之间的协调联动，已整合实行综合执法的，可继续探索。各级教育行政部门要加强对校外培训综合执法、联合执法、协作执法的组织协调，重点负责对无证经营、违反培训内容、培训时间、培训人员、培训收费规定、违规举办竞赛及其他违法违规情况进行监管执法，牵头组织有关部门开展联合执法。市场监管、网信、公安、体育、文化和旅游及其他相关部门要在各自职责内，对涉及校外培训的问题进行单独或联合监管。

5. 健全协同机制。各地要按照“谁审批谁负责、谁主管谁负责”原则，健全审批、监管、处罚衔接机制，坚持先证后照，规范校外培训机构审批程序、许可内容。实行综合审批改革的，须事先书面征得同级教育行政部门同意。加快实现部门间违法线索互联、监管标准互通、处理结果互认，推进现场共同执法。建立校外培训行政执法与刑事司法衔接机制，健全教育与公安、检察、审判机关的信息共享、案情通报、案件移送等制度。

6. 加大查处力度。各地教育行政部门要会同有关部门定期梳理群众反映强烈的突出问题，适时部署集中专项整治，及时通报校外培训违法违规典型案例。对潜在风险大、可能造成严重不良后果的，要加强日常监管和执法巡查，从源头上预防和化解违法风险。建立完善严重违法惩

罚性赔偿和巨额罚款制度、终身禁入机制，让严重违法者付出应有代价。对违法违规开展培训的校外培训机构、网站平台，按照“发现一起、处置一起”原则，依法依规采取处罚措施。畅通违法违规行为投诉受理、跟踪查询、结果反馈渠道，对举报严重违法违规行为和重大风险隐患的有功人员依法予以奖励和严格保护。

三、强化教育行政部门校外培训监管行政执法职责

7. 坚持法定职责必须为。校外培训监管行政执法是各级教育行政部门履行政府管理校外培训事务的法定职责。要按照《中华人民共和国教育法》《中华人民共和国义务教育法》《中华人民共和国行政处罚法》《中华人民共和国未成年人保护法》《中华人民共和国民办教育促进法》《中华人民共和国民办教育促进法实施条例》等法律法规和《教育部关于加强教育行政执法工作的意见》等政策文件要求，坚持法定职责必须为，切实增强依法实施行政检查、行政处罚、行政强制的意识和能力。

8. 明确各级权责。教育部主要负责拟订校外培训监管行政执法工作标准和规范并监督实施，指导监督全国校外培训综合执法工作，组织查处和督办全国性、跨区域校外培训重大案件。省级教育行政部门主要负责拟订本地校外培训监管行政执法工作实施方案，监督指导、组织协调辖区内校外培训监管行政执法工作，查处辖区内跨区域或具有重大影响的复杂案件及审批的线上培训机构案件。市级教育行政部门主要负责监督指导、组织协调辖区内校外培训监管行政执法工作。县级教育行政部门主要负责查处本地区校外培训违法违规行为。各级教育行政部门中负责校外培训监管的机构承担具体的校外培训监管行政执法职能。

9. 明确执法层级。按照属地管理、重心下移的原则，日常执法检查、一般违法案件查处以县级为主。设区市与市辖区原则上只设一个执法层级，原则上以区级执法为主。压实乡镇、街道责任，将校外培训治理纳入村（社区）网格化管理，开展综合治理。对跨区域违法违规行为，由校外培训机构审批地、违法违规行为发生地相关部门共同查处。

四、增强校外培训监管行政执法力量

10. 加快机构设置。各地教育行政部门要结合本地实际，统筹优化机构职能和资源力量配置，建立健全校外培训监管机构，承担本地区相关行政执法工作，切实加强校外培训监管行政执法能力。

11. 加强力量配备。各地教育行政部门要科学设置岗位，统筹各方资源，充实一线执法人员，配齐配强工作力量，确保校外培训监管执法工作落到实处。上级机构可按程序调用下级执法力量。

12. 提高人员素养。要建立健全各级执法人员资格管理制度，严格实行执法人员持证上岗。开展执法人员专项培训，重点培训相关法律知识，提高业务能力，提升依法规范公正文明执法的专业化水平。

五、提高校外培训监管行政执法能力

13. 制定执法清单。教育部根据现行法律法规和政策规定，梳理各级教育行政部门校外培训执法职能，制定出台《校外培训监管行政执法事项指导目录》，实行动态调整。各地教育行政部门根据地方立法情况，细化地方《校外培训监管行政执法事项指导目录》。

14. 规范执法流程。各地教育行政部门要全面推行并严格落实校外培训监管行政执法公示、执法全过程记录和重大执法决定法制审核制度。制定完善行政执法程序规范，统一行政执法案卷、文书基本标准，提高执法案卷、文书规范化水平。健全执法裁量基准制度，明确执法事项的职责依据、工作程序、履职要求、办理时限、行为规范等，消除行政执法中的模糊条款，压减裁量权，促进同一事项相同情形同标准处罚、无差别执法。建立责任追究和尽职免责制度。全面推行“双随机一公开”监管。

15. 创新执法方式。教育部和各省级教育行政部门要建立行政执法案例指导制度，定期发布指导案例。各地要探索推进“互联网+执法”模式，提升执法水平。探索信用监管方式，将重大违法失信行为纳入失信惩戒范围。

六、加强校外培训监管行政执法保障

16. 强化条件保障。各地教育行政部门要会同编制、司法等部门健全工作保障机制。推动将校外培训监管行政执法工作经费纳入同级财政预算管理，加强相关经费保障。加快制定不同层级校外培训监管行政执法装备配备标准，及时调整执法目录、更换执法证件、合理配置执法必需的交通、通讯、执法记录仪等条件装备，建立执法信息平台，改善执法条件，保障执法需要，保护执法人员安全。

17. 推动督导问责。严格执行《教育督导问责办法》，将校外培训治理纳入教育督导范围。推动地方政府把加强校外培训监管行政执法、推进校外培训综合治理纳入重要议事日程，制定实施方案，层层压实责任。对落实中央决策部署不力、校外培训治理不到位及有其他严重违法违规情形的，依法对被督导的地方各级人民政府和相关职能部门及其相关责任人进行严肃问责。充分发挥督学作用，积极开展校外培训日常督导。

18. 健全监督机制。各地教育行政部门要健全校外培训监管执法监督机制，加强和完善执法案卷管理和评查、执法考核评议等制度。要全面落实“谁执法谁普法”的普法责任制，会同有关部门做好执法事项的普法工作，加强以案释法。要建立校外培训社会监督员队伍，拓宽社会监督渠道，探索公众参与模式。

【地方工作】

上海市未成年人保护条例

（2004 年 11 月 25 日上海市第十二届人民代表大会常务委员会第十六次会议通过　根据 2013 年 12 月 27 日上海市第十四届人民代表大会常务委员会第十次会议《关于修改〈上海市未成年人保护条例〉的决定》修正　2022 年 2 月 18 日上海市第十五届人民代表大会常务委员会第三十九次会议修订）

第一章　总　　则

第一条　为了保护未成年人身心健康，保障未成年人合法权益，促进未成年人德智体美劳全面发展，培养有理想、有道德、有文化、有纪律的社会主义建设者和接班人，培养担当民族复兴大任的时代新人，根据《中华人民共和国未成年人保护法》以及其他有关法律、行政法规，结合本市实际，制定本条例。

第二条　本市坚持最有利于未成年人的原则，依法保障未成年人的生存权、发展权、受保护权、参与权等权利。

未成年人依法平等地享有各项权利，不因本人及其父母或者其他监护人的民族、种族、性别、户籍、职业、宗教信仰、教育程度、家庭状况、身心健康状况等受到歧视。

第三条　政府、社会、学校和家庭应当对未成年人进行理想信念、思想道德、科学、文化、体育、美育、劳动、国家安全、法治、健康等教育，加强中国共产党历史、爱国主义、集体主义和中国特色社会主义的教育，培养爱祖国、爱人民、爱劳动、爱科学、爱社会主义的公德，抵制资本主义、封建主义和其他腐朽思想的侵蚀，引导未成年人树立和践行社会主义核心价值观。

政府、社会、学校和家庭应当教育和帮助未成年人维护自身合法权益，增强自我保护的意识和能力。

第四条 政府、社会、学校和家庭应当树立正确的成才观，优化完善评价理念，培养未成年人健康体格、人格、性格，营造人人皆可成才、人人尽展其才的良好环境。

第五条 未成年人的父母或者其他监护人依法对未成年人承担监护职责。

各级人民政府及相关部门应当采取措施，指导、支持、帮助和监督未成年人的父母或者其他监护人履行监护职责。

第六条 市、区人民政府应当将未成年人保护工作纳入本级国民经济和社会发展规划与年度工作计划，相关经费纳入同级财政预算。

第七条 市、区人民政府设立未成年人保护委员会，依法履行下列职责：

（一）统筹、协调、督促和指导有关部门、下级未成年人保护委员会以及有关单位和组织，在各自职责范围内做好未成年人保护工作，共同实施未成年人保护的法律、法规；

（二）建立并完善未成年人保护的工作机制，加强未成年人保护工作队伍建设；

（三）研究未成年人保护工作，向有关国家机关提出意见和建议；

（四）接受涉及未成年人保护的求助、投诉、举报及相关意见建议，转交并督促有关部门处理；

（五）本级人民政府确定的其他职责。

市、区未成年人保护委员会办公室设在同级民政部门，承担未成年人保护委员会日常工作。

乡镇人民政府、街道办事处设立未成年人保护委员会，落实本辖区内的未成年人保护工作。

第八条 共产主义青年团、妇女联合会、工会、残疾人联合会、关心下一代工作委员会、青年联合会、学生联合会、少年先锋队、红十字会以及其他人民团体、有关社会组织，按照各自职责，协助各级人民政府及其有关部门、人民检察院、人民法院做好未成年人保护工作，维护未成年人合法权益。

第九条 任何组织或者个人发现不利于未成年人身心健康或者侵犯未成年人合法权益的情形，都有权劝阻、制止或者向公安、民政、教育等有关部门检举、控告。

国家机关、居民委员会、村民委员会、密切接触未成年人的单位及其工作人员，在工作中发现未成年人身心健康受到侵害、疑似受到侵害或者面临其他危险情形的，应当立即向公安、民政、教育等有关部门报告。

有关部门接到涉及未成年人的检举、控告或者报告，应当依法及时受理、处置，并以适当方式将处理结果告知相关单位和人员。

第十条 本市建立健全未成年人统计调查制度。市未成年人保护委员会办公室应当定期组织开展未成年人健康、受教育等状况的统计、调查和分析，发布未成年人保护的有关信息。

第十一条 对保护未成年人有显著成绩的组织和个人，按照国家和本市有关规定给予表彰和奖励。

第二章　家庭保护和自我保护

第十二条 未成年人的父母或者其他监护人应当树立正确的家庭教育理念，自觉学习家庭教育知识，掌握科学的家庭教育方法，提高家庭教育能力，营造良好的家庭环境，以健康的思想、良好的言行和适宜的方法，教育、影响和保护未成年人。

未成年人的父母或者其他监护人应当积极参加学校、幼儿园、婴幼儿照护服务机构、社区提供的公益性家庭教育指导和实践活动，与其密切配合，共同促进未成年人健康成长。

第十三条 未成年人的父母或者其他监护人应当依法履行监护职责，不得实施侵犯未成年人身心健康、财产权益或者不依法履行未成年人保护义务的行为。

未成年人的父母或者其他监护人应当教育和指导未成年人养成良好的生活和学习习惯，学会自主管理时间，增强自理和自律能力。

未成年人的父母或者其他监护人应当预防和制止未成年人实施不良行为和违法犯罪行为，发现未成年人逃学、无故夜不归宿、离家出走的，应当立即寻找；发现涉嫌引诱、胁迫、教唆未成年人违法犯罪的，应当立即向公安机关报告。

第十四条 未成年人的父母或者其他监护人应当关注未成年人的生理和心理健康状况，必要时及时就医；关注未成年人情感需求和思想状况，及时沟通并给予正确指导；鼓励和支持未成年人参加家庭劳动以及各类积极健康的文体活动、社会交往活动，共同参与社会公益活动。

第十五条 未成年人的父母或者其他监护人应当为未成年人提供安全的家庭生活环境，及时排除引发火灾、触电、烧烫伤、中毒、锐器、跌落等伤害的安全隐患。

未成年人的父母或者其他监护人应当提高对未成年人的户外安全保护意识，不得让未成年人前往河道、水库等危险水域游泳、戏水或者实施其他危险行为，避免未成年人发生溺水、动物伤害、走失等事故。

第十六条 未成年人的父母或者其他监护人应当采取下列措施，防止未成年人受到交通事故的伤害：

（一）教育未成年人遵守交通法规，增强交通安全意识；

（二）携带未满四周岁的未成年人乘坐家庭乘用车，应当配备并正确使用儿童安全座椅；携带未满十二周岁的未成年人乘坐家庭乘用车的，不得安排其乘坐在副驾驶座位；不得安排未满十二周岁的未成年人乘坐摩托车后座、轻便摩托车；

（三）不得让未满十二周岁的未成年人在道路上驾驶自行车；不得让未满十六周岁的未成年人在道路上驾驶电动自行车；

（四）为乘坐电动自行车、摩托车的未成年人正确佩戴安全头盔。

第十七条 未成年人的父母或者其他监护人不得使未满八周岁或者由于生理、心理原因需要特别照顾的未成年人处于无人看护状态，或者将其交由无民事行为能力、限制民事行为能力、患有严重传染性疾病或者其他不适宜的人员临时照护；不得使未满十六周岁的未成年人脱离监护单独生活。

未成年人的父母或者其他监护人因外出务工等原因在一定期限内不能完全履行监护职责的，应当委托具有照护能力的完全民事行为能力人代为照护；无正当理由的，不得委托他人代为照护。

第十八条 未成年人应当遵守法律、法规和社会公德，自尊、自爱、自律、自强，主动参与社会活动，勇于应对困难挑战，增强抵御灾害、伤害侵袭，应对挫折、压力，辨别是非、自我保护的意识和能力，自觉抵制各种不良行为及违法犯罪行为的引诱或者侵害。

第十九条 未成年人发现他人侵犯其人身权、财产权和其他合法权益的，可以通过父母或者其他监护人、所在学校、居民委员会、村民委员会向公安、民政、教育等有关主管部门报告，也可以自己向上述部门报告。

未成年人遭受父母或者其他监护人遗弃、虐待的，可以向公安、民政、教育等有关主管部门以及所在学校、居民委员会、村民委员会、共产主义青年团、妇女联合会请求保护。被请求的上述部门和组织不得拒绝、推诿，并根据实际情况采取必要的救助措施。

第三章　学校保护

第二十条 学校应当全面贯彻国家教育方针，落实立德树人根本任务，遵循教育规律和未成年学生的身心发展规律，提高未成年学生的思想道德、科学文化和健康素质，培养未成年学生认知能力、合作能力、创新能力和实践能力，促进未成年学生全面发展。

学校应当建立以校长为第一责任人的未成年学生保护工作制度，并明确一名学校负责人分管未成年学生保护工作。

第二十一条 教师应当恪守职业道德，以自身良好的品德、言行影响和教育未成年人，把传授知识与陶冶情操、养成良好的行为习惯结合起来，引导未成年人德智体美劳全面发展。

教职员工应当尊重未成年人人格尊严，维护未成年人的合法权益，不得实施辱骂、体罚和变相体罚或者其他侮辱人格尊严的行为。

第二十二条 学校应当关心、爱护未成年学生，平等保护未成年学生的合法权益，对家庭困难、身心有障碍的未成年学生，应当提供关爱；对行为异常、学习有困难的未成年学生，应当耐心教育、帮助，不得歧视，不得擅自停止其上课，不得违反国家规定对其开除或者变相开除。

学校处分未成年学生前，应当与学生及其父母或者其他监护人沟通，给予申辩的机会，并对申辩的内容予以书面答复。

学校应当配合民政、教育等有关部门建立留守未成年学生、困境未成年学生的信息档案，开展关爱帮扶工作。

第二十三条 学校应当建立家长委员会、家长学校，加强家庭教育指导，健全家访制度，密切与未成年学生父母或者其他监护人的联系。未成年学生的父母或者其他监护人应当配合学校维护教学秩序、做好教学管理。

发现学生行为异常或者无故缺课的，学校应当及时与其父母或者其他监护人取得联系，查明原因。寄宿制学校学生擅自外出、无故夜不归宿的，学校应当及时查找并告知其父母或者其他监护人，必要时向公安机关报告。

第二十四条 学校应当根据未成年学生身心发展特点，进行社会生活指导、心理健康辅导、青春期教育、生命教育、性别教育。

学校应当开设心理健康课程，配备至少一名心理健康教育教师，并可以设立心理辅导室，加强对未成年学生的心理健康辅导。发现未成年学生心理或者行为异常的，应当及时干预并通知其父母或者其他监护人；对存在严重心理健康问题的，及时向教育、卫生健康等部门报告。

学校应当做好心理或者行为异常学生的信息保密工作，不得将学生心理健康状况作为学生综合评价和升学等的参考依据。

第二十五条 学校应当与未成年学生的父母或者其他监护人互相配合，合理安排未成年学生的学习时间，保障其休息、娱乐、体育锻炼、课外活动和社会实践的时间。

学校应当按照课程方案和课程标准开展教学活动，探索和改进教育方法，落实国家和本市有关减轻未成年学生过重学习负担的规定。

义务教育阶段学校不得举行或者变相举行与入学挂钩的选拔考试或者测试；不得张榜公布学生的考试成绩名次；不得推销或者变相推销练习册、习题集等教辅材料。

第二十六条 学校应当保障未成年学生的活动设施、场地正常使用。国家法定节假日、休息日及寒暑假期，学校按照本市有关规定将文化体育设施和场地向未成年人开放。

第二十七条 学校、幼儿园应当指定专人负责日常卫生管理工作，建立健全传染病预防控制管理和疫情报告制度，制定传染病应急预案，组织开展健康巡查、清洁消毒、健康宣传等工作。

发现传染病病人或者疑似传染病病人的，学校、幼儿园应当及时向所在地疾病预防控制机构或者社区卫生服务机构报告，按照规定落实相关预防和控制措施，并配合做好流行病学调查等工作。

第二十八条 学校、幼儿园应当建立健全安全保卫、消防、设施设备、食品药品等安全管理和安全教育制度，定期开展安全检查，消除安全隐患，保障未成年人在校、在园期间的人身和财产安全；对未成年人进行珍惜生命和安全防范教育，按要求开展安全实训，提高未成年人自我保护、自我救助的能力。

未成年人在校、在园期间，学校、幼儿园应当对校园实行封闭管理，禁止无关人员进入校园。学校、幼儿园的食堂、宿舍、门卫室等场所应当配备符合国家和本市有关规定的人员，完善物防和技防设施设备，提升智能化管理水平。

学校、幼儿园应当为未成年人提供安全的学习和生活设施，提供的食品、药品、学生服、教具、餐具、体育运动器材等学习、生活和活动用品应当符合国家和本市有关标准，并向家长、未成年人和教职员工公开采购情况。

第二十九条 学校、幼儿园使用校车的，应当按照国家规定，取得校车使用许可，建立健全校车安全管理制度。校车应当符合国家标准，并由符合条件的驾驶人驾驶。

校车运载未成年人时，应当按照规定的路线行驶，并配备随车照管人员。随车照管人员应当依法履行职责，保障未成年人乘坐校车安全。

学校、幼儿园应当定期对校车进行安全检查，对校车驾驶人及随车照管人员进行安全教育，并向未成年人讲解校车安全乘坐知识，培养未成年人校车安全事故应急处理技能。

第三十条 学校、幼儿园应当制定完善应对自然灾害、事故灾难、公共卫生事件等突发事件和意外伤害的预案，配备必要的应急救援设施设备，进行应急知识教育，定期开展应急演练。

未成年人在校内、园内或者本校、本园组织的校外、园外活动中发生人身伤害事故的，学校、幼儿园应当立即救护，妥善处理，及时通知未成年人的父母或者其他监护人，并向教育部门报告。

学校、幼儿园举办者应当按照规定投保相应的责任保险。提倡未成年人的父母或者其他监护人为未成年人投保人身意外伤害保险。

第三十一条 学校、幼儿园应当组织未成年人参加与其年龄、身心健康相适应的公益活动，不得组织或者变相组织其参加商业性活动，不得向未成年人及其父母或者其他监护人推销或者要求其购买指定的商品和服务。

学校、幼儿园不得与校外培训机构联合招生，或者将校外培训机构培训结果与招生入学挂钩，不得与校外培训机构合作向未成年人提供有偿课程辅导。

第三十二条 学校应当建立学生欺凌防控工作制度，对教职员工、学生等开展防治学生欺凌的教育和培训，并公布举报、求助渠道。

学校对学生欺凌行为应当立即制止，通知实施欺凌和被欺凌未成年学生的父母或者其他监护人参与欺凌行为的认定和处理；对相关未成年学生及时给予心理辅导、教育和引导；对相关未成年学生的父母或者其他监护人给予必要的家庭教育指导。

对实施欺凌的未成年学生，学校应当根据欺凌行为的性质和程度，依法加强管教。对严重的欺凌行为，学校不得隐瞒，应当及时向公安、教育部门报告，并配合相关部门依法处理。

第三十三条 学校、幼儿园应当建立预防性侵害、性骚扰未成年人工作制度，不得聘用有性侵害、性骚扰违法犯罪记录的人员，并对教职员工加强相关教育和管理。

对性侵害、性骚扰未成年人等违法犯罪行为，学校、幼儿园不得隐瞒，应当及时向公安、教育部门报告，并配合相关部门依法处理。

学校、幼儿园应当对未成年人开展适合其年龄的性教育，提高未成年人防范性侵害、性骚扰的自我保护意识和能力。对遭受性侵害、性骚扰的未成年人，学校、幼儿园应当及时采取相关的保护措施。

第三十四条 鼓励学校设置社会工作专门技术岗位或者引入专业社会工作者，参与家庭教育指导、学生心理或者行为干预和教育转化等工作，为未成年学生提供专业化、个性化指导和服务。

第三十五条 婴幼儿照护服务机构、早期教育服务机构、校外培训机构、校外托管机构等应当依法依规开展与未成年人相关的服务和培训业务，并参照本章有关规定，根据不同年龄阶段未成年人的成长特点和规律，做好未成年人保护工作，维护未成年人合法权益。

第四章　社会保护

第三十六条　全社会应当树立关心、爱护未成年人的良好风尚，保护未成年人合法权益，优化未成年人成长环境。

本市鼓励、支持和引导人民团体、企业事业单位、社会组织以及其他组织和个人，开展有利于未成年人健康成长的社会活动和服务。

第三十七条　居民委员会、村民委员会应当设置专人专岗负责未成年人保护工作，协助政府有关部门宣传未成年人保护方面的法律法规，指导、帮助和监督未成年人的父母或者其他监护人依法履行监护职责；建立留守未成年人、困境未成年人的信息档案并给予关爱帮扶，依法协助政府有关部门监督未成年人委托照护情况。

居民委员会、村民委员会应当协助政府有关部门组织、指导未成年人在课余和闲暇时间，开展有益于身心健康的文体活动和社会实践。

第三十八条　公共场所、公共交通站点、旅游景区景点等应当积极推进便利服务设施配置，按照有关标准和规范设置母婴室、婴儿护理台、第三卫生间以及方便幼儿使用的坐便器、洗手台等卫生设施，为未成年人及其家庭提供便利。

第三十九条　公共文化体育设施及相关服务项目，按照国家和本市有关规定，对未成年人实行免费或者其他优惠。

鼓励公共文化体育设施根据自身功能、特点，开设未成年人专场，为未成年人主题教育、社会实践、体育锻炼等提供有针对性的服务。

第四十条　本市鼓励创作、出版、发行、展出、演出、播放适合未成年人特点，有利于未成年人身心健康的图书、报刊、影视节目、文艺节目、音像制品、电子出版物和其他精神文化产品。

向未成年人提供精神文化产品的单位和个人，应当对产品的内容负责，不得向未成年人提供或者展示可能影响其身心健康的内容。

第四十一条　任何组织或者个人不得披露未成年人的个人隐私。发布、转载、传播涉及未成年人的新闻报道等信息，应当客观、审慎和适度，不得虚构、夸大、歪曲有关内容，不得违法披露未成年人的姓名、住所、单位、照片、图像以及其他可能识别未成年人身份的信息。

任何组织或者个人处理不满十四周岁未成年人个人信息的，应当依法取得未成年人的父母或者其他监护人的同意。未成年人的父母或者其他监护人应当按照最有利于未成年人的原则，充分考虑信息处理的目的、方式、范围以及未成年人的真实意愿，审慎作出决定。

第四十二条 发生自然灾害、事故灾难、公共卫生事件等突发事件时，应当优先救护未成年人，不得组织或者安排未成年人参与突发事件应急救援工作。

第四十三条 旅馆、宾馆、酒店以及其他提供住宿服务的经营者接待未成年人入住，或者接待未成年人和成年人共同入住时，应当询问未成年人的父母或者其他监护人的联系方式、入住人员的身份关系等有关情况，并按照规定做好信息登记；发现有违法犯罪嫌疑的，应当立即向公安机关报告，并及时联系未成年人的父母或者其他监护人。

其他场所或者个人留宿未成年人的，应当征得其父母或者其他监护人的同意，或者及时通知其父母或者其他监护人、所在学校，必要时向公安机关报告。

第四十四条 学校周边二百米、幼儿园周边一定范围内不得设置营业性娱乐场所、酒吧、互联网上网服务营业场所等不适宜未成年人活动的场所。幼儿园周边范围的具体界定，由市文化旅游部门会同市民政、教育、市场监管等部门确定。

营业性歌舞娱乐场所、酒吧、互联网上网服务营业场所等不适宜未成年人活动场所的经营者，不得允许未成年人进入；游艺娱乐场所设置的电子游戏设备，除国家法定节假日外，不得向未成年人提供。经营者应当在门口醒目位置设置全市统一的未成年人禁入、限入标志。

第四十五条 学校、幼儿园周边一定范围内不得设置烟（含电子烟）、酒、彩票销售网点，具体范围由烟草专卖、市场监管、民政和体育等主管部门确定。

禁止向未成年人销售烟、酒、彩票或者兑付彩票奖金。烟、酒和彩票经营者应当在显著位置设置不向未成年人销售烟、酒或者彩票的标志。

任何人不得在学校、幼儿园及校门附近区域和其他未成年人集中活动的公共场所吸烟、饮酒。

第四十六条 任何组织或者个人不得违法与未成年人进行与未成年人年龄、智力不相适应的交易行为，不得向未成年人提供文身服务；未经未成年人父母或者其他监护人同意，不得向未成年人提供医疗美容服务。

不适宜未成年人活动场所的经营者，烟、酒和彩票经营者以及其他相关组织或者个人，履行本条例第四十四条第二款、第四十五条第二款和本条第一款规定义务时，对难以判明是否是未成年人的，应当要求其出示身份证件。

第四十七条 密切接触未成年人的单位招聘工作人员时，应当向公安机关、人民检察院查询应聘者是否具有性侵害、虐待、拐卖、暴力伤害等违法犯罪记录；发现其具有前述行为记录的，不得录用。

密切接触未成年人的单位应当每年定期对工作人员是否具有上述违法犯罪记录进行查询。通过查询或者其他方式发现其工作人员具有上述行为的，应当及时解聘。

第五章 网络保护

第四十八条 政府、社会、学校和家庭应当加强未成年人网络素养宣传教育，培养和提高未成年人的网络素养，增强未成年人科学、文明、安全、合理使用网络的意识和能力，保障未成年人在网络空间的合法权益。

第四十九条 网信部门负责统筹协调本市未成年人网络保护和相关监督管理工作。公安、教育、文化旅游、广播电视、新闻出版、电影、卫生健康等部门按照各自职责，做好未成年人网络保护工作。

有关部门应当依法监督网络产品和服务提供者的产品和服务的内容和提供方式，指导网络产品和服务提供者落实网络欺凌防治、信息处理、投诉举报受理、预防未成年人沉迷网络、防止未成年人合法权益受到侵犯等义务，并及时查处相关违法行为。

卫生健康部门应当指导有关专业机构提供未成年人沉迷网络的预防和干预服务。

第五十条 学校应当将安全合理使用网络等内容纳入教育教学活动，指导学生科学规范使用智能终端产品，养成良好网络使用习惯，增强网络安全意识，提高对网络信息的分析判断能力。

第五十一条 教育部门应当组织开发网络教育教学资源，创新教育教学方式，通过网络教育教学资源平台以及学校网络平台，免费向学生提供专题教育、学科教育等学习资源，组织教师开展免费在线交流、辅导。

学校应当加大宣传推广使用力度，引导学生合理使用优质网络教育教学资源。

第五十二条 未成年人的父母或者其他监护人应当提高网络素养，规范自身使用网络的行为，加强对未成年人使用网络行为的引导和监督。

未成年人的父母或者其他监护人应当增强网络安全意识，在未成年人使用网络游戏时督促其以真实身份验证，防止其使用成年人的网络支付账户、网络游戏注册账号进行网络消费或者接触不适合未成年人的网络游戏。

第五十三条 网络产品和服务提供者应当针对未成年人使用其产品和服务设置相应的时间管理、权限管理、消费管理等功能。

网络产品和服务提供者应当建立涉及未成年人的信息审查、自查评估和投诉受理机制，对产品和服务内容定期检查，或者根据投诉情形适时启动对相关内容的评估；发现产品和服务存在诱导未成年人沉迷网络、危害未成年人身心健康、侵害未成年人合法权益等情况的，应当采取必要措施对相关内容、功能或者规则，进行删除、屏蔽或者修改，防止侵害未成年人信息的扩散，同时应当保存有关记录，并向网信、公安等部门报告。

网络产品和服务提供者应当完善网络社区规则和用户公约，规范引导未成年人的网络行为，不得以打赏排名、虚假宣传等方式诱导未成年人盲目追星、盲目消费；严禁未成年人参与网络低俗表演、网络不良社交等活动。

鼓励网络产品和服务提供者针对不同年龄段未成年人的身心特点开发相应的保护性使用模式，引导未成年人在该模式下使用网络产品和服务。

第五十四条 网络游戏服务提供者应当按照国家有关规定，对未成年人参与网络游戏的时段和时长进行限制，在规定时段和时长以外，不得以任何形式向未成年人提供网络游戏服务。

网络游戏服务提供者应当规范向未成年人提供付费服务，限制未成年人使用与其民事行为能力不符的付费服务。任何组织或者个人不得以任何形式向未成年人提供网络游戏账号租售交易服务。

网络游戏服务提供者应当利用电子身份认证等技术，识别参与网络游戏的未成年人身份，不得以任何形式向未实名注册和登录的未成年人提供网络游戏服务。

第六章 政府保护和司法保护

第五十五条 市、区民政部门应当明确相关内设机构和专门人员，负责未成年人保护工作。

乡镇人民政府和街道办事处应当设立未成年人保护工作站或者指定专门人员，及时办理未成年人相关事务，开展法治宣传、政策咨询、个案处置、服务转介等工作；支持、指导居民委员会、村民委员会设立专人专岗，做好未成年人保护工作。

第五十六条 本市将家庭教育指导服务纳入基本公共服务体系。

教育部门、妇女联合会应当会同卫生健康、民政等部门和其他有关社会组织开展家庭教育指导，组建和培训家庭教育指导队伍，制定家庭教育指导服务规范。

第五十七条 对尚未完成义务教育的辍学未成年学生，教育部门或者乡镇人民政府应当责令其父母或者其他监护人将其送入学校接受义务教育。

对学校拒绝接收符合条件的学生或者违反国家规定开除、变相开除学生的，教育部门应当及时予以处理。

第五十八条 教育部门应当落实教育制度改革要求，促进义务教育优质均衡发展，提升课堂教学质量，强化学校教育的主阵地作用。

教育部门应当建立科学的教育评价制度，采取措施督促学校减轻未成年学生过重的学习负担，不得把升学率作为考核学校工作的指标。

第五十九条 本市发展普惠托育服务体系，支持社会力量依法兴办婴幼儿照护服务机构。

本市建立和完善覆盖城乡、布局合理的学前教育公共服务体系。

教育部门应当培养和培训婴幼儿照护服务机构、幼儿园的保教人员，提高其职业道德素质和业务能力，为婴幼儿提供安全、优质的照顾和保育教育。

第六十条 教育部门应当指导学校把职业体验、职业启蒙、职业生涯教育融入教育教学活动，推动职业院校面向学校开放共享实训场所、课程、师资等教育教学资源。

人力资源社会保障、教育部门以及乡镇人民政府、街道办事处公共就业服务机构应当为已经完成义务教育、但未能继续就学的未成年人，提供职业培训的信息，并为其参加培训提供帮助。

第六十一条 教育部门应当保障具有接受普通教育能力、能适应校园生活的残疾未成年人就近就便在普通学校、幼儿园接受教育，同等条件下优先安排残疾未成年人入学；保障不具有接受普通教育能力的残疾未成年人在特殊教育学校（班）、幼儿园接受教育。

教育部门和其他有关部门应当保障特殊教育学校（班）、幼儿园的办学、办园条件，指导学校、幼儿园加强无障碍环境建设，鼓励和支持社会力量举办特殊教育学校（班）、幼儿园。

残疾人联合会应当健全完善残疾未成年人康复服务保障机制。卫生健康、民政等部门和残疾人联合会应当按照各自职责，加强对康复服务机构的监督管理，为残疾未成年人提供康复服务保障。

第六十二条 教育部门应当加强校园安全风险防控体系建设，会同公安、应急管理等部门指导和监督学校、幼儿园落实校园安全管理责任。

教育部门应当加强与公安、应急管理、卫生健康、气象等相关部门的应急联动，建立健全突发事件的报告、处置和协调机制，在发生可能影响校园安全的突发事件风险时，及时采取相应的防范和处置措施。

教育部门应当将安全、应急等知识和技能纳入校长、教师培训和中小学公共安全教育的内容，提升校园安全防范意识和能力。

第六十三条 乡镇人民政府、街道办事处应当开展校园周边环境综合整治，协调相关部门加强对有关经营服务场所和经营活动的管理和监督。

公安机关应当加强校园周边的治安管理，发现对未成年人实施拦截、强索财物、侮辱殴打等行为的，应当及时制止并依法处理。

公安交通管理部门在未成年人上学和放学时，应当加强对校园周边交通秩序的维护，保障未成年人的人身安全。

第六十四条 卫生健康部门应当指导疾病预防控制机构、医疗机构等为未成年人提供疫苗接种以及传染病、常见病、多发病、心理疾病防治等卫生保健服务，提升未成年人身心健康水平。

教育部门应当指导学校加强未成年学生心理健康教育，规范开展学生心理健康状况评估与监测工作，加强早期发现和及时干预。

教育、卫生健康部门接到学校报告的未成年学生严重心理健康问题，应当及时指导相关机构做好干预、诊断、治疗等工作。

第六十五条 民政部门应当会同教育、卫生健康、人力资源社会保障等部门以及残疾人联合会等人民团体、社会组织建立完善孤独症未成年人关爱服务体系，培育发展为孤独症未成年人提供服务的社会组织和从业人员队伍。

第六十六条 本市推动儿童友好社区建设，相关部门应当制定完善有关建设、评价、验收的标准和规范。

乡镇人民政府、街道办事处应当加强并优化未成年人活动场所和设施的配置，整合社区资源，开展适合未成年人身心特点、兼顾不同年龄段未成年人成长需求的活动和服务项目，建设儿童友好社区。

第六十七条 本市依托 12345 市民服务热线建立未成年人保护热线，相关部门应当及时受理、转介侵犯未成年人合法权益的投诉、举报，收集意见建议，提供未成年人保护方面的咨询、帮助；依托 12355 青少年服务热线及其网络平台，为未成年人提供心理健康、法律维权、安全保护等咨询服务。

第六十八条 公安机关、人民检察院、人民法院和司法行政部门应当依法履行职责，保障未成年人合法权益。

本市建立未成年人司法保护联动机制，人民检察院、人民法院、公安、司法行政、民政、教育等部门以及有关人民团体应当定期会商，研究解决未成年人司法保护中的重大疑难问题，加强信息资源共享和工作衔接。

第六十九条 法律援助机构和公安机关、人民检察院、人民法院、司法行政部门应当依法为有需要的未成年人，提供法律援助或者司法救助。

法律援助机构应当建立专门办理未成年人案件的法律援助律师库，指派熟悉未成年人身心特点的律师为未成年人提供法律援助。

法律援助机构和市律师协会应当对办理未成年人法律援助案件的律师进行指导和培训。

第七十条 人民检察院通过诉讼监督、检察建议等方式，对未成年人保护工作进行法律监督。

未成年人合法权益受到侵犯，相关组织和个人未代为提起诉讼的，人民检察院可以督促其提起诉讼，或者通过帮助申请法律援助、提供咨询服务、提交书面意见、协助调查取证等方式支持其提起诉讼。涉及公共利益的，人民检察院有权提起公益诉讼。

第七十一条 公安机关、人民检察院、人民法院办理未成年人遭受性侵害或者暴力伤害案件，应当依法在专门设置的取证保护场所或者其他适当场所内询问未成年被害人、证人，并采取同步录音录像等措施，尽量一次完成；未成年被害人、证人是女性的，应当由女性工作人员进行。

公安机关、人民检察院、人民法院可以根据需要，通知社会工作者、心理咨询师等相关专业人员到场，通过面谈或者隐蔽观察等方式，了解和评估未成年被害人的心理状况，辅助开展办案保护工作。

第七十二条 对违法犯罪的未成年人，坚持教育为主、惩罚为辅。

对违法犯罪的未成年人依法处罚后，在升学、就业等方面不得歧视；对符合条件的未成年人的相关违法犯罪记录，依法予以封存。

第七十三条 公安机关、人民检察院、人民法院、司法行政部门根据国家和本市有关规定，指派公职人员担任学校法治副校长、校外法治辅导员，协助学校开展未成年人法治教育、犯罪预防、权益维护以及校园安全防范等工作。法治副校长应当每学年面向师生开展不少于四课时的法治教育。

第七十四条 国家机关可以通过购买服务、专家咨询等方式，引入社会组织、社会工作者、专家等社会专业力量，提高未成年人保护工作专业化水平。

鼓励和支持有关社会组织、社会工作者、志愿者参与国家机关的未成年人保护工作，为未成年人心理干预、法律服务、法律援助、个案帮扶、社会调查、社会观护、教育矫治、社区矫正、家庭教育指导、家庭监护能力评估及收养评估等提供专业服务。

第七章　特别保护

第七十五条　因父母双方或者其他监护人同时存在监护缺失情形，或者一方存在监护不当情形，导致未成年人处于无人照料或者人身安全受到威胁等危险状态的，依法给予特别保护。

本条例所称的监护缺失，包括下列情形：

（一）因死亡、失踪、失联、重残、重病、被执行限制人身自由的刑罚和措施、被撤销监护资格、被遣送（驱逐）出境等原因，无法履行监护职责的；

（二）因突发事件等紧急情况正在接受治疗、被隔离观察或者参与相关应对工作，无法履行监护职责的；

（三）法律规定的其他情形。

本条例所称的监护不当，包括下列情形：

（一）性侵害、出卖、遗弃、虐待、暴力伤害未成年人的；

（二）放任、教唆、利用未成年人实施违法犯罪行为的；

（三）胁迫、诱骗、利用未成年人乞讨的；

（四）监护人拒绝或者怠于履行监护职责，导致未成年人处于无人照料的状态；

（五）法律规定的其他情形。

第七十六条　居民委员会、村民委员会或者民政部门发现监护缺失情形或者接到有关报告的，应当帮助符合条件的未成年人申请相应的社会救助或者保障，采取必要的照料或者监护措施。

公安机关发现监护不当情形或者接到有关报告的，应当立即出警处置，制止正在发生的侵害行为并开展调查，对实施加害行为的未成年人父母或者其他监护人依法采取批评教育、出具告诫书、治安管理处罚等措施，并通报当地居民委员会、村民委员会或者民政部门；构成犯罪的，依法追究其刑事责任。在处置过程中，发现未成年人身体受到伤害，或者需要送至未成年人救助保护机构、儿童福利机构进行临时监护的，应当先送至卫生健康部门指定的医疗机构救治或者体检。

第七十七条 依法履行临时监护职责的居民委员会、村民委员会或者民政部门，对临时监护的未成年人，可以采取委托亲属抚养、家庭寄养等临时生活照料方式，或者交由未成年人救助保护机构、儿童福利机构收留、抚养。

承担临时监护职责的机构和个人应当按照有关规定，做好未成年人生活照料、医疗救治和预防接种、教育、心理辅导、情感抚慰等工作，保护未成年人人身安全；必要时，可以依法向人民法院申请人身安全保护令。

需要公安机关查找未成年人父母或者其他监护人的，公安机关应当立即查找；六个月内查找不到的，应当向居民委员会、村民委员会或者民政部门提供最终查找结论，并协同开展后续处置工作。

临时监护的期限一般不超过一年。

第七十八条 对存在监护缺失或者监护不当情形的家庭，民政部门、公安机关、人民法院、人民检察院等应当根据需要，按照有关标准和规范对未成年人的父母或者其他监护人开展家庭监护能力评估。评估结果作为监护能力认定、监护干预帮扶或者恢复监护人监护资格的参考依据。

家庭监护能力评估的具体规定，由市民政部门会同市公安机关、市高级人民法院、市人民检察院另行制定。

第七十九条 临时监护期间，经家庭监护能力评估，监护人重新具备履行监护职责条件的，民政部门或者居民委员会、村民委员会可以将未成年人送回监护人抚养。

监护人领回未成年人后，民政部门应当将相关情况向未成年人所在学校以及当地公安机关、居民委员会、村民委员会通报，相关部门和单位应当对通报内容予以保密。

居民委员会、村民委员会应当对监护人的监护情况，未成年人的学习、生活等情况进行随访。

第八十条 对具有监护意愿但缺乏监护能力的家庭，民政部门可以会同乡镇人民政府、街道办事处和社会工作服务机构，参考家庭监护能力评估结果，为未成年人及其家庭提供监护指导、医疗救治、心理辅导、行为矫治等支持性服务。

对存在监护不当情形的家庭，公安机关、人民检察院、人民法院以及妇女联合会和民政、教育部门可以参考家庭监护能力评估结果，为未成年人及其家庭提供家庭教育指导服务，开展家庭监护干预。

第八十一条 有关组织和个人可以根据人民检察院的书面建议、家庭监护能力评估结果，对具有法定情形的未成年人的父母或者其他监护人，依法向人民法院申请撤销其监护资格。

对具有法定情形，需要为未成年人指定监护人的，居民委员会、村民委员会、民政部门或者人民法院应当依法尊重未成年人的意愿，按照最有利于未成年人的原则，在依法具有监护资格的人中指定监护人。没有依法具有监护资格的人的，其监护人由民政部门或者具备履行监护职责条件的未成年人住所地的居民委员会、村民委员会担任，履行长期监护职责。

第八十二条 对需要长期监护的未成年人，民政部门或者具备履行监护职责条件的居民委员会、村民委员会应当依法履行监护职责，保障受监护未成年人的合法权益。

民政部门应当会同相关部门加强对丧失父母的孤儿的保障，妥善安置孤儿，落实其基本生活保障、医疗和康复保障、教育保障以及成年后就业创业扶持和住房保障等制度，维护孤儿合法权益。

第八十三条 民政部门承担临时监护或者长期监护职责的，财政、教育、卫生健康、公安等部门应当根据各自职责予以配合。

市、区人民政府及其民政部门应当设立未成年人救助保护机构、儿童福利机构，配备专门人员，负责收留、抚养由民政部门监护的未成年人，并提供关爱保护。

鼓励有条件的未成年人救助保护机构、儿童福利机构拓展社会服务功能，开展农村留守儿童、困境儿童、散居孤儿、残疾儿童、孤独症儿童等的临时照料、康复训练、特殊教育等服务。

第八章　法律责任

第八十四条　违反本条例规定的行为，法律、行政法规有处理规定的，从其规定；侵犯未成年人合法权益，造成人身、财产或者其他损害的，依法承担民事责任；构成犯罪的，依法追究刑事责任。

第八十五条　未成年人的父母或者其他监护人不依法履行监护职责或者侵犯未成年人合法权益的，由其住所地的居民委员会、村民委员会予以劝诫、制止；情节严重的，居民委员会、村民委员会应当及时向公安机关报告。

公安机关接到报告或者公安机关、人民检察院、人民法院在办理案件过程中发现未成年人的父母或者其他监护人存在上述情形的，应当予以训诫，并可以通过告诫书、督促监护令、家庭教育指导令等形式责令其接受家庭教育指导，督促其履行监护职责。

第八十六条　国家机关及其工作人员在未成年人保护工作中不依法履行职责的，由其所在单位或者上级主管部门责令改正；玩忽职守、滥用职权、徇私舞弊的，依法给予处分；构成犯罪的，依法追究刑事责任。

第九章　附　　则

第八十七条　本条例自2022年3月1日起施行。

海南省未成年人保护和预防犯罪规定

（2021年9月29日海南省第六届人民代表大会常务委员会第三十次会议通过　2021年9月30日海南省人民代表大会常务委员会公告第93号公布　自2021年11月1日起施行）

目　录

第一章　总　　则

第一条　为了保障未成年人合法权益，有效预防未成年人违法犯罪，根据《中华人民共和国未成年人保护法》《中华人民共和国预防未成年人犯罪法》等法律法规，结合本省实际，制定本规定。

第二条　保护未成年人和预防未成年人犯罪，是国家机关、武装力量、政党、人民团体、企业事业单位、社会组织、城乡基层群众性自治组织、未成年人的监护人以及其他成年人的共同责任。

各级人民政府、社会、学校和家庭应当教育和帮助未成年人维护自身合法权益，增强自我保护的意识和能力，及时消除滋生未成年人违法犯罪行为的各种消极因素，为未成年人身心健康发展创造良好的社会环境。

第三条 县级以上人民政府应当建立未成年人保护工作协调机制，统筹、协调、督促和指导有关部门在各自职责范围内做好未成年人保护工作。协调机制具体工作由县级以上人民政府民政部门承担。

县级以上人民政府应当建立预防未成年人犯罪工作协调机制，组织有关部门实行预防未成年人犯罪综合治理。协调机制具体工作由县级以上人民政府教育行政部门承担。

第四条 县级以上人民政府及其有关部门应当加强未成年人社会支持体系建设，统筹、组织社会工作者、志愿者参与未成年人保护和预防犯罪工作，采取政府购买服务等措施，培育、引导和规范有关社会组织、社会工作者参与未成年人保护和预防犯罪工作，积极开展家庭教育指导，为未成年人提供心理辅导、康复救助、监护及收养评估、法律援助等专业服务。

第五条 县级以上人民政府应当建立未成年人保护管理信息系统，实现未成年人保护、救助信息互联互通、资源共享，提高协作水平。

第二章 未成年人保护

第六条 未成年人的父母或者其他监护人应当依法履行监护职责，创造良好、和睦、文明的家庭环境，以健康的思想、文明的言行和科学的方法教育和影响未成年人。

未成年人的父母或者其他监护人应当树立正确的家庭教育理念，自觉学习家庭教育知识，主动接受家庭教育指导，积极参加家长学校、家长课堂，提高家庭教育的能力。

第七条 未成年人的父母或者其他监护人应当尊重和依法保护未成年人的隐私权和个人信息，以适当的方式了解未成年人的学习、生活和交往情况。

学校采集学生个人信息及其家庭信息，应当告知学生及其家长，并对所获得的信息负有管理、保密义务，不得毁弃以及非法删除、泄露、公开、买卖。

第八条 未成年人的父母或者其他监护人以及其他成年人携带未满四周岁的未成年人乘坐家庭乘用车的，应当配备并正确使用儿童安全座椅；携带未满十二周岁未成年人乘车的，不得安排其乘坐在副驾驶座位。不得将未满十二周岁的未成年人单独留在车内。公安机关交通管理部门发现有违反上述规定行为的，应当责令改正。

第九条 学校应当按照国家和本省的规定开展教育教学活动，不得随意增减课程和课时；合理安排未成年学生在校作息时间，保障其休息、娱乐时间，保证未成年学生每天在校期间体育锻炼活动时间不少于一小时；不得统一要求学生在规定的上课时间前到校参加课程教学活动。

第十条 全面落实国家关于减轻义务教育阶段学生过重学业负担有关规定，全面压减学生作业总量和时长，减轻学生过重作业负担。

学校应当依照国家有关规定分类明确学生作业总量。教师应当指导小学生在校内基本完成书面作业，初中生在校内完成大部分书面作业。学校和家长应当引导学生放学回家后完成剩余书面作业，进行必要的课业学习，个别学生经努力仍完不成书面作业的，也应当按时就寝。

第十一条 县级以上人民政府应当按照国家有关规定全面规范义务教育阶段校外培训行为，严格执行校外培训机构培训材料有关管理办法，落实培训内容备案与监督制度。严禁超标超前培训，严禁非学科类培训机构从事学科类培训，严禁提供境外教育课程。依法依规查处超范围培训、培训质量良莠不齐、内容低俗违法、盗版侵权等突出问题。

县级以上人民政府有关部门不再审批新的面向义务教育阶段学生的学科类校外培训机构，现有学科类培训机构统一登记为非营利性机构。不再审批新的面向学龄前儿童的校外培训机构和面向普通高中学生的学科类校外培训机构。

校外培训机构不得占用国家法定节假日、休息日及寒暑假期组织义务教育阶段学生学科类培训。线上培训要注重保护学生视力，严格执行国家有关课时规定。积极探索利用人工智能技术合理控制学生连续线上培训时间。

第十二条 学校、幼儿园应当加强教职员工管理。教职员工不得组织、介绍、诱导未成年人参与有偿课程辅导，严禁教师为未成年人提供有偿课程辅导。

学校、幼儿园应当每学期对教职员工进行心理健康筛查，对不适宜继续从事相应岗位的工作人员，要及时调整其工作岗位。

第十三条 学校、幼儿园应当设立家长委员会，通过开放教学、联合家访、召开家长会等形式，听取家庭、未成年人的意见，改进和完善教育、教学方法。

第十四条 学校、幼儿园应当建立安全管理制度，对未成年人在校、在园期间实行校园封闭化管理，在主要区域安装视频图像采集装置，有条件的安装一键报警系统，做好校园安全巡查。每所学校、幼儿园应当至少有一名专职安全保卫人员或者受过专门培训的安全管理人员；有条件的可以与社区、家长合作，建立安全保卫志愿者队伍，在上下学时段维护校门口秩序。县级以上人民政府教育行政部门应当监督、指导学校、幼儿园建立健全和落实安全管理制度。

公安机关和其他有关部门应当依法维护校园周边的治安和交通秩序，推进校园周边地区公共安全视频监控系统全覆盖，完善交通管理设施。公安机关应当合理设置警务室或者治安岗亭，布置警力疏导、巡逻，及时预防和制止寻衅滋事、敲诈勒索、打架斗殴等侵害未成年人的违法犯罪行为。

第十五条 学校应当建立学生欺凌防控工作制度，完善早期预警、事中处置及事后干预机制，明确相关岗位教职员工的职责，有效开展学生欺凌预防和处置工作。学校所在地公安机关、学生家长应当配合学校做好学生欺凌防控工作。县级以上人民政府教育行政部门应当将学生欺凌防控工作效果纳入学校年度考核内容。

学校发现学生实施欺凌行为的，应当依照国家有关规定进行认定和处置。

第十六条 学校、幼儿园应当每学期至少开展一次针对台风、地震、火灾、溺水、食物中毒等突发事件和意外伤害的紧急疏散和安全自救演练，帮助未成年人提高安全防范意识，掌握避险、逃生、防护、自救的方法和能力。

第十七条 学校、幼儿园应当为未成年人提供安全的学习和生活设施，提供的食品、药品及校（园）服等学习和生活用品应当符合国家和本省的有关规定，并公开采购情况。

使用校车的学校、幼儿园应当建立健全校车安全管理制度，配备安全管理人员。配备校车的学校、校车服务提供者应当配备随车照管人员，保障未成年人乘坐校车安全。校车随车照管人员不得由司机兼任。

第十八条 学校、幼儿园应当建立和完善卫生保健机制，根据需要配备专职卫生技术人员或者兼职保健教师。开展体育锻炼和户外活动时，应当给予患有心脏病、哮喘、癫痫等疾病或者具有过敏等特异体质的未成年人相应照顾；未成年人的父母或者其他监护人应当主动告知学校、幼儿园未成年人的相应情形。

第十九条 县级以上人民政府教育行政部门应当建立初中义务教育与中等职业教育之间的衔接机制，接收初中学业困难学生进入中等职业学校就读。

第二十条 特殊教育学校应当具备适应残疾未成年人学习、康复、生活特点的场所和设施，在适当阶段对残疾未成年人进行劳动技能教育、职业教育和就业指导。

县级以上人民政府应当对接受义务教育的残疾未成年人给予适当的教育补助，补助标准由县级以上人民政府根据当地经济社会发展水平和教育救助对象基本学习、生活需求确定。

第二十一条 学校、幼儿园周边直线延伸二百米范围内不得设置易燃易爆、剧毒、放射性、腐蚀性等危险物品的生产、经营、储存、使用场所或者设施。

学校、幼儿园周边直线延伸二百米范围内不得设置营业性娱乐场所、酒吧、纹身服务场所、成人用品商店、互联网上网服务营业场所等不适宜未成年人活动的场所。不适宜未成年人活动场所的经营者，不得允许未成年人进入，经营者应当在显著位置设置未成年人禁入、限入标志。对难以判明是否是未成年人的，应当要求其出示身份证件。

县级以上人民政府公安、应急管理、旅游和文化、市场监督管理等部门应当建立健全视频监管系统和专人巡查制度，依法对不适宜未成年人活动的场所进行监管。任何组织和个人发现有未成年人进入不适宜未成年人活动场所的，有权予以劝阻、制止，并向公安机关或者其他有关部门举报。

第二十二条 为未成年人提供餐饮、休息服务的校外托管、临时看护机构的经营者应当按照国家和本省有关安全、卫生等标准设立和提供服务。

县级以上人民政府应当建立健全校外托管、临时看护机构的长效监管机制，公安、市场监督管理、教育、综合行政执法等有关部门和消防救援机构按照各自职责加强管理，定期开展联合执法工作。

第二十三条 消防救援机构应当加强学校、幼儿园和校外培训机构、儿童福利机构、未成年人救助保护机构的消防工作，开展消防宣传教育，指导其落实消防安全责任，每年至少组织一次消防检查，发现火灾隐患或者其他消防违法行为，应当责令其及时整改。

第二十四条 居民委员会、村民委员会、学校应当安排专人负责留守未成年人、困境未成年人的关爱帮扶，协助提供监护指导，开展生活帮助、精神关怀、心理疏导、返校复学、落实户籍等关爱服务，支持配合相关部门和社会组织等开展关爱服务活动。

各级人民政府应当按照国家和本省有关规定建立健全留守未成年人、困境未成年人关爱服务体系，指导居民委员会、村民委员会、学校和其他社会团体、群众组织建立未成年人信息档案和开展改善学校寄宿条件、纳入社会救助和社会福利政策保障范围等关爱帮扶工作。

第二十五条 网信部门及其他有关部门应当加强对未成年人网络保护工作的监督检查，屏蔽、过滤传播不良信息的网站、网页，净化网络环境。

网信、公安、旅游和文化、市场监督管理、新闻出版、通信管理、广播电视等部门，应当加强对网络信息内容以及手机运营商、网络运营商、网络信息提供商的监督管理，防止手机信息、网络信息等对未成年人造成不良影响和危害。

第二十六条 未经学校允许，未成年学生不得将手机等智能终端产品带入课堂。学生确需将手机等智能终端产品带入校园的，须经学生家长同意、书面提出申请，进校后交由学校统一保管。学校应当制定具体办法，明确统一保管的场所、方式、责任人，提供必要保管装置。

第二十七条 网络服务提供者应当通过实名验证、人脸识别、人工审核等方式，对网络付费游戏、网络直播实行实名制管理，不得向未成年人提供充值打赏服务。

未成年人参与网络付费游戏或者网络直播平台打赏的，监护人可依法请求网络服务提供者返还未成年人支出的款项。

第二十八条 新闻媒体采访报道涉及未成年人事件应当客观、审慎和适度，不得披露涉事未成年人的姓名、住所、学校、照片、图像以及可能推断出该未成年人身份的资料，不得对未成年人作出带有侮辱性质的评价，避免造成二次伤害，不得侵犯未成年人的名誉、隐私和其他合法权益。

第三章　预防未成年人犯罪

第二十九条 未成年人有不良行为或者严重不良行为的，有关国家机关、居民委员会、村民委员会、学校、未成年人的父母或者其他监护人应当依照有关法律规定进行干预和矫治。

未成年人的父母或者其他监护人是对未成年人开展预防犯罪教育的直接责任人，应当依法履行监护职责，并履行下列预防犯罪教育责任：

（一）与未成年人保持沟通、交流，对其成长中遇到的问题及时给予帮助和疏导；

（二）对未成年人进行法律和道德教育，树立优良家风，加强未成年人应对不法侵害的自我保护和处置能力；

（三）主动了解未成年人在校情况，积极配合学校的教育工作；

（四）发现未成年人心理或者行为异常的，应当及时进行教育、引导和劝诫；

（五）教育和引导未成年人观看、收听或者阅读健康向上的影视节目、音像制品、图书、报刊、电子出版物和网络信息。

第三十条 县级以上人民政府教育行政部门应当普及中小学法治教育，培养法治教育专职教师队伍，鼓励法学专家、法治工作者担任法治教育兼职教师；依据本行政区域学生人数比例，为各中小学校合理配备法治副校长、法治教育兼职教师、校外法治辅导员。

教育行政部门应当会同司法行政部门，结合实际推动未成年人法治教育实践基地建设，将实践基地纳入中小学校外教育的整体规划。

乡镇人民政府和街道办事处应当统筹本行政区域内非在校未成年人的法治教育工作，安排法治教育师资人才库成员为非在校未成年人讲授法治教育课，所在地人民政府教育行政部门应当予以支持。

第三十一条 学校应当建立健全聘用、考核法治副校长、法治教育专职（兼职）教师、校外法治辅导员工作机制。

法治副校长、法治教育兼职教师、校外法治辅导员应当协助学校开展法治教育，根据学校安排开展法治教育宣讲活动，保证每学期至少讲授一次法治讲座。

第三十二条 省人民政府应当按照统筹规划、合理布局的原则，指导市县加强专门学校建设。教育行政部门应当保证专门学校的办学条件，确保专门学校教师的工资水平不低于当地普通中小学校教师同等水平。

专门学校的学生在升学、就业等方面，同普通中小学校、中等职业学校毕业的学生享有同等的权利，任何组织和个人不得歧视、体罚、虐待未成年学生。

普通学校对转入专门学校的未成年学生，应当保留学籍；对原决定机关决定转回的学生，不得拒绝接收。因特殊情况，不适宜转回原所在学校的，由所在地人民政府教育行政部门安排转学。

第三十三条 未成年人的父母或者其他监护人对接受专门教育的未成年人，应当至少每月看望一次，配合专门学校对其进行教育矫治。专门学校应当为父母或者其他监护人看望未成年人提供便利。

第三十四条 公安机关、司法行政部门、人民法院、人民检察院以及高等院校、科研院所应当结合实际，开展未成年人犯罪形式、特点和规律研究，提出预防未成年人犯罪的建议。

县级以上人民政府应当鼓励和支持律师事务所、基层法律事务所的律师和基层法律工作者积极参与预防未成年人犯罪工作。

第三十五条 全社会应当优化未成年人成长环境，教育、引导未成年人树立正确的世界观、人生观、价值观，增强法治观念，养成良好品行和遵纪守法的行为习惯，自觉抵制不良行为和违法犯罪行为的引诱、侵害，增强违法犯罪自我预防能力。

县级以上人民政府应当推动建设专门从事预防未成年人犯罪工作的社会工作人才队伍，鼓励和支持高等院校、企业事业单位以及从事法律服务、心理服务等活动的社会组织和个人，发挥自身优势，通过进驻学校、社区等方式参与预防未成年人犯罪工作。

第四章　法律责任

第三十六条 未成年人的父母或者其他监护人不依法履行监护职责或者侵犯未成年人合法权益的，由其居住地的居民委员会、村民委员会予以劝诫、制止；情节严重的，居民委员会、村民委员会应当及时向公安机关报告。

居民委员会、村民委员会予以劝诫、制止的，应当记录劝诫、制止的过程和内容，并于一个月内进行回访，保障未成年人合法权益。

公安机关接到报告或者公安机关、人民检察院、人民法院在办理案件过程中发现未成年人的父母或者其他监护人存在上述情形的，应当予以训诫，并可以责令其接受家庭教育指导。

第三十七条 学校、幼儿园及其教职员工违反本规定第九条、第十二条、第十四条、第十六条、第十八条规定的，由县级以上人民政府教育行政部门责令改正，给予批评教育；拒不改正或者情节严重的，对直接负责的主管人员和其他直接责任人员依法给予处分或者责令学校给予处分。

第三十八条 负责未成年人保护和预防犯罪工作的国家工作人员玩忽职守、滥用职权、徇私舞弊的，依法给予处分；构成犯罪的，依法追究刑事责任。

第三十九条 违反本规定的行为，本规定未设定处罚，有关法律法规已有处罚规定的，依照其规定处罚；造成人身、财产或者其他损害的，依法承担民事责任；构成犯罪的，依法追究刑事责任。

第五章 附 则

第四十条 本规定自 2021 年 11 月 1 日起施行。2015 年 11 月 27 日海南省第五届人民代表大会常务委员会第十八次会议通过的《海南省未成年人保护条例》同时废止。

江西省高级人民法院

关于加强新时代未成年人审判工作的规划纲要（2022—2024年）

未成年人保护工作关系国家未来和民族振兴。党的十八大以来，以习近平同志为核心的党中央把培养好少年儿童作为一项战略性、基础性工作。未成年人审判工作只能加强，不能削弱。为建立健全满足未成年人身心发展特殊需要的司法保护制度体系①，着力提升我省法院未成年人审判工作能力水平，加强未成年人合法权益保障，根据《中华人民共和国未成年人保护法》《中华人民共和国预防未成年人犯罪法》《最高人民法院关于加强新时代未成年人审判工作的意见》等规定，制定以下规划纲要。

一、指导思想和基本原则

（一）指导思想

坚持以习近平新时代中国特色社会主义思想为指导，深入贯彻习近平法治思想和习近平总书记关于未成年人保护工作重要指示批示精神，全面学习贯彻党的十九大和十九届二中、三中、四中、五中、六中全会精

① 《中国儿童发展纲要（2021—2030）》规定：“（七）儿童与法律保护：完善司法保护制度，司法工作体系满足儿童身心发展特殊需要。”

神和江西省第十五次党代会精神，坚持以人民为中心的发展思想，保障未成年人生存、发展、受保护和参与权利，建立健全最有利于未成年人、促进未成年人全面发展的司法机制，切实做好未成年人司法保护和犯罪预防工作，不断提升未成年人审判工作能力水平，促进全社会更加关心关爱未成年人健康成长。

（二）基本原则

坚持党的绝对领导原则。全省各级法院要从深入贯彻落实习近平法治思想、贯彻新发展理念、推进新时代少年儿童事业发展的高度谋划和推进工作，坚持未成年人审判工作的政治方向，把党的领导贯穿于未成年人审判工作全过程各方面，把未成年人审判作为法院的战略性、基础性工程抓紧抓好，忠实履行宪法法律赋予的职责，依法维护未成年人权益，预防和矫治未成年人犯罪，为培养担当民族复兴大任的时代新人奉献司法力量。

坚持未成年人利益最大化原则。全省各级法院要坚持以人民为中心的发展思想，充分保障未成年人的生存权、发展权、受保护权、参与权等权利，尊重未成年人的人格尊严，遵循未成年人的身心发展特点和规律，坚持“教育、感化、挽救”方针和“教育为主、惩罚为辅”原则，坚持“为了一切孩子，一切为了孩子，为了孩子一切”，严格落实未成年人刑事案件特别程序，始终把未成年人权益和发展需求放在未成年人审判工作的首位，确保未成年人得到优先、特殊保护，保障未成年人全面健康成长，促进家庭和谐、社会安定。

坚持双向、全面、精准保护。坚持双向保护，既依法保障未成年被告人的权益，又要依法保护未成年被害人的权益，加强对未成年犯罪人和受害人，服刑人员和被害人的未成年子女的救助，消除一切形式的歧视；坚持全面保护，既要加强对未成年人的刑事保护，又要加强对未成年人的民事、行政权益的保护，努力实现对未成年人权益的全方位保护；坚持精准保护，探索适用有利于未成年人身心保护的司法程序，做到精准定罪量刑、精准安置帮教和精准预防犯罪，促进罪错未成年人顺利回归社会。

坚持整体推进和协作配合。坚持未成年人保护工作的政治性、群众性、时代性、协同性，有效发挥未成年人保护工作协调机制统筹协调作用，积极推动各方力量参与未成年人保护工作。健全完善“政法一条龙”“社会一条龙”工作机制，推动构建司法保护与家庭保护、学校保护、社会保护、网络保护、政府保护“六位一体”的工作格局①，营造全社会关心关注未成年人健康成长的氛围。

二、加强对未成年人权益的全方位保护

1. 依法妥善办理未成年人犯罪案件。对未成年被告人定罪量刑时，综合考虑其对犯罪的认识能力、犯罪动机和目的、犯罪时的年龄、是否初犯偶犯、认罪悔罪表现、犯罪原因、成长经历和一贯表现等情况，予以从宽处罚，最大限度教育感化挽救未成年人；同时坚持“宽容但不纵容”，对主观恶性深、手段残忍、后果严重的，坚决依法惩处。坚持双向保护，妥善审理被告人、被害人都是未成年人的案件，实现“两个效果”有机统一。依法从重惩处强迫、引诱、拉拢、利用未成年人实施涉黑涉恶、涉毒涉赌、传销、电信诈骗和其他有组织犯罪行为。正确适用《刑法修正案（十一）》，依法惩处低龄未成年人犯罪，加强与教育行政部门及公安机关对接，推动落实专门矫治教育制度。

2. 加强未成年人权益的刑法保护。坚持对侵害未成年人犯罪的“零容忍”立场，从严从重处理严重侵害未成年人利益的重大恶性案件，依法严惩杀害、伤害、虐待、遗弃未成年人等犯罪行为，切实保护未成年人的人身权利。依法严惩利用对未成年人实施网络欺凌、传播淫秽色情物品信息等犯罪，积极参与青少年网络生态治理。依法惩处生产、销售

---

① 2021年6月，《国务院未成年人保护工作领导小组关于加强未成年人保护工作的意见》（国未保组〔2021〕1号）规定，坚持未成年人保护工作的政治性、群众性、时代性、协同性，积极推动各方力量参与未成年人保护工作，构建家庭保护、学校保护、社会保护、网络保护、政府保护、司法保护“六位一体”的新时代未成年人保护工作格局。

用于未成年人的假冒伪劣食品、药品、玩具、用具等犯罪行为。

3. 预防和严惩性侵害未成年人犯罪。严厉打击组织、强迫、引诱、容留、介绍未成年人卖淫犯罪，加大对强奸、猥亵、特殊职责人员性侵未成年人犯罪的惩治力度。对性侵未成年人案件不主动开展调解工作，对于被告人作出赔偿、取得谅解的，能否从宽要特别慎重把握，确保罪责刑相适应。联合教育部门建立性侵害未成年人犯罪人数据库，建立信息查询和强制报告制度，严格落实从业限制制度。探索建立性侵害儿童犯罪人员信息公开制度①。探索制定性侵害儿童案件特殊证据标准。

4. 全面保障未成年人的民事权益。依法保障未成年人的人身权利、财产权利和其他合法权益，妥善审理婚姻家庭、涉未成年人抚养、监护等案件，加大涉未成年人权益纠纷调解力度。探索父母婚内分居期间未成年子女权益保护措施，依法保障离婚后未成年子女获得探望、抚养、教育、保护的权利。依法保障未成年人的继承权和受遗赠权。依法保护未成年人名誉、隐私和个人信息等人格权。依法审理好食品药品安全、产品质量、烟酒销售、文化宣传、网络传播等领域侵害儿童合法权益的公益诉讼案件。

三、健全涉未成年人案件审判组织和工作机制

1. 健全审判组织。坚持专业化发展方向，健全涉未成年人审判领导、指导机制，构建三级法院上下统一、衔接贯通的工作格局。省高级人民法院成立少年法庭办公室，负责全省未成年人审判工作的归口管理、组织领导、统筹协调、政策制定和业务指导；中级人民法院发挥承上启下、以点带面、辐射基层的枢纽作用；基层法院因地制宜，发挥主体作用，激发首创活力。统筹推进家事审判与未成年人审判相对独立、协同发展②。有条件的法院可以积极争取党委、政府支持，结合内设机构改革，

① 《中国儿童发展纲要（2021—2030）》。

② 根据《最高人民法院关于加强新时代未成年人审判工作的意见》规定，未成年人审判与家事审判要在各自相对独立的基础上相互促进、协调发展。

设立少年家事（综合）审判庭；暂不具备条件的法院，应当成立或挂牌成立少年法庭[①]，并确保少年法庭实体化运作。根据法庭建设、工作机制、人员配置、工作绩效等情况，推选全省第一批示范少年法庭。

2. 优化受案范围。认真落实《最高人民法院关于加强新时代未成年人审判工作的意见》，探索实施涉未成年人刑事、民事及行政“三审合一”受案制度，少年法庭受理与未成年人权益保护和犯罪预防关系密切的涉未成年人刑事、民事及行政诉讼案件。将立案时不满二十二周岁的在校学生犯罪案件纳入受案范围。各地法院结合开展涉及未成年人案件集中管辖情况，采取适合本地实际的管辖模式，未试行集中管辖的地市均应设立少年法庭，配备专业的审判团队。

3. 充实审判力量。根据未成年人审判的工作特点和需要，适应“三审合一”改革新要求，为少年法庭配备专门的员额法官和司法辅助人员，将熟悉未成年人身心特点、热爱未成年人审判和善于做未成年人思想教育工作的人员充实到少年法庭，并保持审判队伍的稳定性。审判人员应当经过专门培训，具有心理学、生理学、犯罪学、教育学方面知识储备，鼓励获取心理咨询师证。培养涉未成年人刑事、民事、行政审判兼通的复合型法官，打造女法官合议庭、“法官妈妈”“知心姐姐”等特色审判主体。

4. 加强审判管理。建立完善未成年人案件审判管理系统，将未成年人刑事案件的审判流程纳入全省法院审判流程信息化管理平台，继续完善模块设置，并在全省法院上线应用。完善未成年人审判档案管理制度。将审判延伸、判后帮教、法治教育、犯罪记录封存等相关工作记录在案，相关材料订卷归档。对涉及未成年人的案件实行专门统计，探索完善符合未成年人审判工作特点的司法统计指标体系，精准制定和完善少年司法政策。

---

① 根据《最高人民法院关于加强新时代未成年人审判工作的意见》规定，少年法庭包括专门审理涉及未成年人刑事、民事、行政案件的审判庭、合议庭、审判团队以及法官。截至 2021 年 5 月 31 日，我省已有 116 个少年法庭挂牌，实现少年法庭全覆盖。

5. 完善考核标准。将未成年人审判作为“一把手”工程，纳入全省法院工作高质量发展指标体系，制定少年法庭工作考核办法。建立与未成年人审判规律相适应的考核机制，转变唯办案数量论的考核标准，将庭审前后的社会调查、心理疏导、法庭教育、延伸帮教、法治宣传、参与社会治安综合治理等工作纳入绩效考核范围，激发审判人员的工作积极性，引导未成年人审判工作科学、专业、全面发展。

四、打造适合未成年人身心特点的审判模式

1. 树立新时代未成年人审判理念。推行教育式、协作式、恢复性司法理念。坚持“教育、感化、挽救”方针和“教育为主、惩罚为辅”原则，依法适用刑法但书、免予刑事处罚、缓刑、罚金刑、不良交往禁止令等制度，对轻微犯罪尽量采取非刑事化、非刑罚化、非监禁化措施。健全轻微犯罪刑事和解、快速审理制度，扩大简易、速裁程序适用范围。建立审前“警示+预防”、审中“教育+矫正”、审后“帮教+救助”机制，实现未成年人权益全链条、全方位、立体化保护，促进未成年犯罪人回归社会和预防再犯。

2. 加强未成年人特殊司法保护。落实严格限制适用逮捕措施、法律援助、社会调查、心理评估与疏导、合适成年人（法定代理人）到场、亲情会见、不公开审理、社会观护、帮扶教育、犯罪记录封存等制度。采用适合未成年人生理心理特点的人性化审判模式，探索“对话式”“协作式”庭审，推广“圆桌式”“课堂式”审判方式，减轻未成年被告人心理压力。加强与公安、检察部门沟通，推动性侵犯罪未成年被害人同步录音录像全覆盖，探索“一站式讯（询）问”保护机制，防止未成年人受到二次伤害。加强未成年被告人、被害人个人信息和隐私保护。

3. 探索符合本地特色发展模式。鼓励各地法院将未成年人审判工作与当地实际、特色优势、文化传统相结合，创造未成年人权益保护和犯罪预防新机制、新方法，以微创新推进大改革，以微举措践行大理念。推广省法院“三叶草”法治宣教品牌，南昌中院对非监禁刑未成年罪犯

联合大走访，九江中院联合彭泽县法院、都昌县法院设立的少年法庭宣传教育、司法保护两个基地，鹰潭市月湖区法院“一图两卷三书两刑”办案机制，萍乡市湘东区法院“夏云剑法律指导+心理辅导”模式，永丰县法院“青少年法治教育基地”等行之有效的经验做法。

4. 打造“三教融合”教育体系。坚持惩罚与教育相结合，防止未成年犯罪人重新违法犯罪。充分发挥我省红色圣地的特色优势，将红色教育、法治教育、传统文化教育贯穿于审判全过程，打造“三教融合”少审教育体系，通过强制阅读有益书籍、撰写思想报告、读书笔记等方式，引导未成年人践行社会主义核心价值观，学习中华优秀传统文化，增强法治意识和社会责任感，重拾人生价值和尊严自信。紧扣庭审、送监执行、出狱前、社区矫正等重要节点，最大程度发挥教育的作用。

5. 完善轻罪前科封存制度。加强与公安、检察、教育等机关沟通联系，制定未成年人轻罪前科封存操作规范，明确轻罪前科封存条件、期限、程序和法律后果，将刑事诉讼法规定的前科封存制度落到实处，保障涉罪未成年人免受歧视，依法实现在复学、升学、就业等方面的同等权利。

6. 健全未成年人认罪认罚制度。将未成年人犯罪作为认罪认罚从宽制度的适用重点。制定未成年人认罪认罚案件办理细则，加强未成年被告人的权利保障，保障法定代理人、合适成年人到场权和知情权，确保认罪认罚的合法性、自愿性和真实性。

7. 建立未成年人心理矫治制度。利用高等院校心理学专业优势，建立未成年人审判心理专家库，探索成立未成年人心理援助实践基地、心理咨询室等。邀请心理咨询师、司法社工、医学专家等专业人员，依法对未成年被告人进行心理测评、心理疏导、情绪抚慰和心理矫治，心理测评报告可以作为办理案件和教育矫治的参考①。及时为未成年被害人及目睹家庭暴力的儿童提供心理疏导、医疗救治和临时庇护。

---

① 《最高人民法院关于适用〈中华人民共和国刑事诉讼法〉的解释》第五百六十九条。

8. 开展社会调查和社会观护。自行或委托社区矫正机构、共青团、社会组织等，对未成年人的性格特点、家庭情况、社会交往、成长经历、犯罪原因、犯罪前后的表现、监护教育等情况开展社会调查，作为办理案件和教育矫治的参考。探索建立未成年犯罪人成长档案。

9. 建立“一站式”救助体系。加强与民政、教育、妇联、社会组织等的合作，对符合救助条件的未成年被告人、被害人实施必要的心理干预、经济救助、法律援助、生活安置、复学就业等综合保护救助措施。创新工作方法，尽最大努力关爱、保护未成年被害人。适当延伸救助范围，加强对严重暴力犯罪被害人的未成年子女、服刑人员未成年子女等困境儿童的关心和救助，预防其逆化成犯罪人。探索建立困境儿童救助基金。

五、强化司法协作和社会支持体系建设

1. 用好“两条龙”工作机制。健全“政法一条龙”工作机制，加强与公安、检察、司法行政等部门的协作配合，定期召开未成年人司法联席会议，共同推动解决未成年人司法中的困难和问题，推动未成年人司法专业化；健全“社会一条龙”工作机制，加强与共青团、妇联、青联、学联、关工委、民政、工会、学校、村（居）委会、社会公益组织等协调合作，推动心理疏导、社会调查、社会观护、社会救助、安置帮教、判后回访等工作社会化，为未成年人身心健康发展提供社会支持。加强专业化司法与社会化支持配合衔接，提升未成年人司法工作效能。加强“两员两师一人”即未成年人案件法律援助律师、心理咨询师、人民陪审员、社会调查员、合适成年人队伍建设，激活全社会的监督与帮扶教育力量。

2. 健全家庭亲职教育制度。加强对未成年人监护人的指导和监督，加强诉讼教育引导和亲子权利义务告知。发挥家庭在未成年人犯罪预防中的作用，对失职失责监护人进行法治教育、亲子关系教育、预防犯罪和不良行为矫治、督促刑罚执行教育，指导制定监护教育计划，情节严

重的予以训诫。指导村（居）民委员会加强对未成年人监护人的监督。依托社区家长学校、家庭教育指导服务站点，提供公益性亲职教育指导，预防未成年人违法犯罪。落实强制报告制度，对未成年人遭受家庭暴力案件及时立案、调查和转处，充分运用告诫书、人身安全保护令、撤销监护人资格等措施，加强对施暴人的惩戒和教育。

3. 建立校园欺凌干预机制。加强与检察机关、教育部门、学校的联动，强化学校保护责任和日常安全管理，建立健全对校园欺凌的发现、报告、干预机制。采取设立法治副校长、校外法治辅导员，成立校园欺凌防范办公室等措施，加强对校园暴力双方的法治教育、救助保护和心理疏导，排查消除各种隐患，防范校园欺凌升级成违法犯罪。

4. 建立罪错分级处遇机制。联合公安机关、检察机关、教育部门、社会组织等，探索建立未成年人临界预防、分级处遇和保护处分制度。依法采取教育矫治措施，及时发现、制止、管教未成年人严重不良行为和对未达刑事责任年龄未成年人的严重危害行为，预防不良行为转化为犯罪和重新犯罪。

5. 加强未成年人普法宣教。完善学校、家庭、社会共同参与的未成年人法治教育工作机制。加强反家庭暴力宣传、未成年人预防性侵害教育、毒品预防教育。建立法治副校长、“一校一法官”等制度，推进青少年法治教育实践基地建设，通过开学第一堂法治课、未成年人自护课程、编写未成年人自护和预防犯罪教材、模拟法庭、普法情景剧等多样化方式，提升未成年人的法治素养和安全意识。

六、推动新时代未成年人审判工作落实落细

1. 加强组织领导。各级法院成立未成年人审判工作领导小组，将未成年人审判工作纳入年度重点工作，大力推动组织建设和审判专业化、队伍职业化建设，确保有机构负责、有工作规划、有专人办事、有经费保障。建立健全未成年人审判工作的定期报告、业务指导、督促检查和重大事项通报制度。对于社会关注度高、社会影响大的涉未成年人案件，

要及时层报至省法院少年法庭工作办公室。省法院少年法庭工作办公室牵头，对全省未成年人审判工作存在的突出问题、恶性案件、重大事件进行跟踪指导、挂牌督办。

2. 推进调查研究。充分发挥江西法学会刑法学研究会作用，借力高校、研究机构、社会组织等机构，加强未成年人审判智库建设。针对未成年人司法保护和犯罪预防的热点、难点、痛点问题，通过组织学术讨论、发布课题、发布参考性案例、典型案例等方式，加强新时代未成年人审判重大理论和实践问题研究，为正确适用法律、制定政策、推进改革提供指引。

3. 注重宣传引导。深入宣传少年司法工作经验和改革创新成果，通过新闻发布会、发布白皮书、法治节目访谈、典型案例、拍摄专题片、微电影等形式，开展全方位、多角度、立体式宣传，形成全社会保障儿童权益的浓厚氛围。培树先进典型，组织表彰奖励。

4. 助力综合治理。加强司法建议发布和反馈，对案件审判中发现的未成年人保护和犯罪预防的薄弱环节，有针对性、建设性地提出完善制度、改进管理的建议，积极参与社会治安综合治理。

【典型案例】

未成年人权益司法保护典型案例*

（2022年3月2日）

1. 被告人张某某强奸案

——教师强奸多名未成年女生被判处死刑

【基本案情】

2013年至2019年，被告人张某某在担任某省某小学教师期间，利用教师身份，先后将多名女学生（均系幼女）带至宿舍内实施奸淫。

【裁判结果】

法院经审理认为，被告人张某某利用教师身份奸淫未成年女学生，奸淫人数多，时间跨度长，罪行极其严重，情节特别恶劣，社会危害性极大，应依法严惩。依法以强奸罪判处张某某死刑。2022年1月，最高人民法院核准死刑，现已执行。

【典型意义】

被告人张某某身为人民教师，本应为人师表，却利用教师身份，多

* 由最高人民法院发布。

年持续奸淫多名在校未成年女生，致使被害女生的纯真童年蒙上阴影，对她们身心健康造成严重伤害，严重践踏了社会伦理道德底线，性质极其恶劣，罪行极其严重，应依法惩处。人民法院历来对侵害未成年人犯罪案件坚持零容忍态度，尤其是对那些利用自己的特殊身份或者便利条件性侵未成年人的犯罪，坚决依法从严从重惩处，该判处死刑的坚决判处死刑，决不姑息。本案的判决结果，充分体现了人民法院对性侵未成年人犯罪依法严厉惩治的鲜明态度，彰显了人民法院维护未成年人合法权益的坚定决心。

2. 未成年被告人贾某某诈骗案

——教育、感化、挽救失足少年

【基本案情】

2019 年 1 月至 2020 年 3 月，未成年被告人贾某某因参加电竞比赛需要资金，采用化名，虚报年龄，谎称经营新媒体公司，以网上刷单返利等为幌子，诱骗多名被害人在网络平台购买京东 E 卡、乐花卡，或是诱骗被害人在支付宝等小额贷款平台借款后供其使用，骗得人民币共计 30 余万元。到案后，贾某某如实供述了上述犯罪事实。法院审理期间，贾某某父亲对被害人退赔，获得被害人的谅解。

【裁判结果】

本案审理过程中，人民法院委托社工对被告人贾某某进行了详细社会调查。调查显示，贾某某幼时读书成绩优秀，曾获省奥数竞赛第四名和全国奥数竞赛铜奖，后因父母闹离婚而选择辍学，独自一人到外地生活，与家人缺乏沟通联络。父母监护的缺失，法律意识的淡薄，是贾某某走上违法犯罪道路的原因。法官找准切入点，有针对性地确定帮教措施，积极促进退赔谅解，充分发挥法庭教育及亲情感化作用，积极与被告人原户籍地社区矫正机构联系，认为对其适用缓刑，不致危害社会。

法院经审理认为，贾某某系未成年人，到案后能如实供述犯罪事实，自愿认罪认罚，其父亲已代为退赔被害人经济损失，取得被害人谅解。经综合考量，对其依法从轻处罚，以诈骗罪判处贾某某有期徒刑三年，缓刑三年，并处罚金人民币3万元。

【典型意义】

本案是一起对犯罪的未成年人坚持“教育、感化、挽救”方针和“教育为主，惩罚为辅”原则，帮助其重回人生正轨的典型案例。在审理过程中，人民法院采用了圆桌审判、社会调查、法庭教育、“政法一条龙”和“社会一条龙”等多项未成年人审判特色工作机制，平等保护非本地籍未成年被告人的合法权益，充分发挥法律的警醒、教育和亲情的感化作用，将审判变成失足少年的人生转折点。案件审结后，法官持续跟踪帮教，被告人贾某某深刻认识到自身的错误，积极反省，在法官的积极协调下，目前贾某某已回到高中学习，正在备战高考。

3. 胡某诉陈某变更抚养权纠纷案

——发出全国首份家庭教育令

【基本案情】

2020年8月，原告胡某和被告陈某协议离婚，约定女儿胡小某由其母即被告陈某抚养，原告每月支付抚养费。一个月后，因被告再婚，有两三个星期未送胡小某去上学。自2020年12月10日起，原告为胡小某找来全托保姆单独居住，原告自己住在距胡小某住处20公里的乡下别墅内，由保姆单独照护胡小某，被告每周末去接孩子。原告胡某认为离婚后，被告陈某未能按约定履行抚养女儿的义务，遂将陈某诉至法院，请求法院判令将女儿胡小某的抚养权变更给原告。经法庭询问，胡小某表示更愿意和妈妈陈某在一起生活。

【裁判结果】

法院经审理认为，原告胡某与被告陈某协议离婚后，对未成年女儿胡小某仍负有抚养、教育和保护的义务。本案原告、被告双方都存在怠于履行抚养义务和承担监护职责的行为，忽视了胡小某的生理、心理与情感需求。鉴于胡小某表达出更愿意和其母亲即被告一起共同生活的主观意愿，法院判决驳回原告的诉讼请求。同时，法院认为，被告陈某在无正当理由的情况下由原告委托保姆单独照护年幼的女儿，属于怠于履行家庭教育责任的行为，根据《家庭教育促进法》的相关规定，应予以纠正。裁定要求陈某多关注胡小某的生理、心理状况和情感需求，与学校老师多联系、多沟通，了解胡小某的详细状况，并要求陈某与胡小某同住，由自己或近亲属亲自养育与陪伴胡小某，切实履行监护职责，承担起家庭教育的主体责任，不得让胡小某单独与保姆居住生活。

【典型意义】

《家庭教育促进法》作为我国家庭教育领域的第一部专门立法，将家庭教育由传统的“家事”，上升为新时代的“国事”，开启了父母“依法带娃”的时代，对于全面保护未成年人健康成长具有重大而深远的意义。《家庭教育促进法》规定，父母应当加强亲子陪伴，即使未成年人的父母分居或者离异，也应当相互配合履行家庭教育责任，任何一方不得拒绝或者怠于履行。鉴于本案被告未能按照协议切实履行抚养义务、承担监护职责，人民法院在综合考虑胡小某本人意愿的基础上依法作出判决，并依照《家庭教育促进法》，向被告发出了全国第一份家庭教育令，责令家长切实履行监护职责。家庭教育令发出后，取得了良好的社会反响。发布本案例，旨在提醒广大家长，《家庭教育促进法》明确规定，“父母或者其他监护人应当树立家庭是第一个课堂、家长是第一任老师的责任意识，承担对未成年人实施家庭教育的主体责任，用正确思想、方法和行为教育未成年人养成良好思想、品行和习惯”。希望广大家长认真学习这部重要法律，认真履行为人父母的重大责任，加强家庭家教家风建设，努力为未成年人健康成长营造良好的家庭环境。

4. 未成年被告人邹某寻衅滋事及家庭教育令案

——未成年被告人父母怠于履行职责，跨域接受家庭教育指导

【基本案情】

邹某从小随父母生活在A省某市，后邹某的母亲因工作变动将邹某带至B省生活、上学，邹某父亲仍在A省工作。邹某母亲因工作原因，对邹某的学习、生活关心较少，邹某父亲也只是偶尔电话问候。由于生活习惯等原因，邹某无法很好融入新的生活环境，开始与社会上的闲散青年接触，时常不回家。2020年5月，邹某因打架斗殴被公安机关治安处罚。邹某父母未能引起重视，仍疏于对邹某的教育、管理。2021年3月，邹某因与多人打架斗殴，被检察机关以涉嫌寻衅滋事罪提起公诉。

【裁判结果】

法院经审理认为，邹某的行为构成寻衅滋事罪，判处有期徒刑一年二个月。在审理过程中，承办法官发现邹某在B省生活、学习的时间并不长，对新的生活环境还在适应过程中，邹某的父母因为工作原因，疏于对邹某的管理教育，也缺乏正确实施家庭教育的方法，遂决定向邹某的父母签发《家庭教育令》，责令其限期到“家庭教育爱心指导站”接受家庭教育指导，并联合当地检察院、教委等部门，邀请邹某之前生活地社区的网格员召开谈心会，制定详细计划，共同对邹某的父母进行有针对性的家庭教育指导。目前邹某的父母已接受家庭教育指导三次，效果良好。

【典型意义】

家庭教育缺失是未成年人犯罪的重要原因之一。随着《家庭教育促进法》的正式实施，人民法院在办理未成年人犯罪案件时，发现监护人怠于履行家庭教育职责，或不正确实施家庭教育侵害未成年人合法权益的情形，通过发出家庭教育令，引导其正确履行家庭教育职责，能够为未成年人健康成长营造良好的家庭环境，从源头上预防和消除未成年人再次违法犯罪。本案审理中，法院联合检察、公安、司法、教育等部门，成立了“家庭教育爱心指导站”，借助两地力量，凝聚工作合力，为家庭教育失范的邹某父母进行指导，帮助他们树立家庭教育主体责任意识，积极履行家庭教育职责。跨域家庭教育指导，是落实家庭教育促进法的有益探索，展现了人民法院的责任担当。

5. 李某某诉某电子商务有限公司网络服务合同纠纷案

——未成年人实施与其年龄、智力不相符的支付行为无效

【基本案情】

14 周岁的原告李某某在父母不知情的情况下，通过某平台先后七次从被告经营的网店“X 游戏”购买 374 个游戏账号，共计支付 36652 元，上述游戏账号内的装备都是皮肤、面具、小花裙子等。原告父母次日发现后，及时与被告经营网店的客服人员联系，表示对原告购买游戏账号及付款行为不予追认并要求被告退款，被告不同意全额退款。

【裁判结果】

法院经审理认为，原告李某某案发时未成年，属于限制民事行为能力人，购买游戏账号支付 36652 元的行为，显然与其年龄、智力不相适应，李某某的法定代理人亦明确表示对该行为不予追认，故原告李某某

实施的购买行为无效，判决被告向原告全额返还购买游戏账号款36652元。

【典型意义】

本案主要涉及未成年人实施与其年龄、智力不相适应的支付行为的效力问题。根据《民法典》的规定，8周岁以上未成年人实施与其年龄、智力不相适应的购买支付行为，在未得到其家长或者其他法定代理人追认的情况下，其购买支付行为无效，经营者应当依法返还价款。本案提醒广大家长，作为未成年人的监护人，应当加强对孩子的引导、监督，并应保管好自己的手机、银行卡密码，防止孩子用来绑定进行大额支付。网络公司应当进一步强化法律意识和社会责任，依法处理因未成年人实施与其年龄、智力不相符的支付行为所引发的纠纷。

6. 钱某与某美容工作室、龙某生命权、身体权、健康权纠纷案

——为未成年人文身构成侵权，应当依法承担损害赔偿责任

【基本案情】

2021年1月，13周岁的原告钱某多次前往被告龙某所经营的某美容工作室玩耍，与龙某熟识后，钱某称要文身，龙某遂为钱某进行了大面积文身，并收取文身费5000元。2021年2月，钱某的母亲送钱某前往某省入学，学校检查身体时发现了钱某身上的文身。为避免对钱某的求学及就业造成影响，钱某父母要求清洗文身，后双方因对赔偿事宜协商未果，钱某诉至法院，请求被告退还文身费5000元，并赔偿精神损失。

【裁判结果】

法院经审理认为，一方面，原告钱某年仅13周岁，属于限制民事行

为能力人，以其年龄、智力状况、社会经验等尚不能判断文身行为对自己身体和人格利益带来损害和影响，且事后其法定代理人未予追认，经营者应当依法返还价款。另一方面，被告某美容工作室在未准确核实钱某年龄身份的情况下，为钱某进行了大面积文身，存在重大过错，应当承担相应的侵权责任。最终判令被告某美容工作室返还原告钱某文身费 5000 元，并支付原告钱某精神抚慰金 3000 元。

【典型意义】

文身实质上是在人体皮肤上刻字或者图案，属于对身体的侵入式动作，具有易感染、难复原、就业受限、易被标签化等特质。给未成年人文身，不仅影响未成年人身体健康，还可能使未成年人在入学、参军、就业等过程中受阻，侵害未成年人的健康权、发展权、受保护权以及社会参与权等多项权利。因此，经营者在提供文身服务时，应当对顾客的年龄身份尽到审慎注意义务。本案作出由经营者依法返还文身价款，并依法承担侵权损害赔偿责任的裁判结果，对规范商家经营，保障未成年人合法权益、呵护未成年人健康成长具有重要意义。

7. 胡某某、王某某诉某某餐厅死亡赔偿案

——向未成年人出售烟酒应依法承担相应责任

【基本案情】

胡小某系胡某某、王某某之子，其与蒋某某、陈某系某中学学生，均系限制民事行为能力人。某日，胡小某、陈某某来到某某餐厅为蒋某某庆祝生日，胡小某提议要喝酒庆祝，三人喝了一些啤酒。饭后，胡小某提议去湖边玩耍，在湖边泡脚戏水的过程中，胡小某不慎后仰溺水死亡。事故发生后，胡某某、王某某将某某餐厅诉至法院，请求赔偿胡小某的死亡赔偿金、丧葬费等部分损失。

【裁判结果】

法院经审理认为，《未成年人保护法》规定，禁止向未成年人销售烟、酒。本案中某某餐厅的售酒行为违反了《未成年人保护法》的相关规定。由于酒精对于人的精神具有麻痹作用，饮酒后会导致实施危险行为的危险系数增加，某某餐厅的售酒行为，与胡小某的死亡结果之间具有因果关系，应承担相应侵权损害赔偿责任。综上，法院判决某某餐厅承担一定比例的损害赔偿责任。

【典型意义】

未成年人身心发育尚不成熟，烟酒会严重影响未成年人的健康成长。《未成年人保护法》明确规定，禁止经营者向未成年人出售烟酒。烟酒经营者应当在显著位置设置不向未成年人销售烟酒的标志；对难以判明是否是未成年人的，应当要求其出示身份证件。本案中的餐厅经营者向未成年人售酒的行为，不仅有违法律规定，还引发了未成年人溺水死亡的严重后果。法院依法认定该餐厅承担一定比例的损害赔偿责任，对于引导烟酒商家进一步强化社会责任，增强法律意识，让未成年人远离烟酒伤害，为未成年人的成长营造安全健康的环境具有重要意义。

8. 黄某某诉某某宾馆生命权、身体权、健康权纠纷案

——宾馆对未成年人未尽入住程序询问义务的应当依法承担责任

【基本案情】

黄某某与朱某某（均系未成年人）通过网上聊天认识后发展为男女朋友关系。2021 年 6 月，朱某某与黄某某相约见面，随后二人入住某某宾馆并发生性关系。后黄某某监护人得知，该宾馆在接待未成年人黄某某时，未询问其父母的联系方式及入住人员的身份关系等有关情况。黄

某某以某某宾馆未尽安全保护义务使其遭受性侵害为由诉至法院，请求某某宾馆赔偿精神损害抚慰金 20000 元，某某宾馆的经营者承担连带责任。

【裁判结果】

根据《未成年人保护法》第五十七条规定：“旅馆、宾馆、酒店等住宿经营者接待未成年人入住，或者接待未成年人和成年人共同入住时，应当询问父母或者其他监护人的联系方式、入住人员的身份关系等有关情况；发现有违法犯罪嫌疑的，应当立即向公安机关报告，并及时联系未成年人的父母或者其他监护人。”法院经审理认为，被告某某宾馆在接待未成年人黄某某入住时，未询问其父母的联系方式及入住人员的身份关系，未尽到对未成年人安全保护的法定义务，应承担一定责任。最终双方达成调解协议，被告某某宾馆同意赔偿黄某某精神损害抚慰金 5000 元，并当场履行完毕。

【典型意义】

本案警示旅馆、宾馆、酒店的经营者应严格履行保护未成年人的法律义务和主体责任，依法依规经营，规范入住程序，严格落实强制报告制度，履行安全保护义务，如违反有关法定义务，将被依法追究相应法律责任。广大家长也应加强对未成年人的教育管理，使未成年人形成正确的人生观和价值观，自尊自爱、谨慎交友，预防此类案件的发生。有关主管部门应当强化对旅馆、宾馆、酒店的日常监管，建立健全预警处置机制，实现对未成年人入住旅馆、宾馆、酒店的风险防控，全面保护未成年人健康成长。

9. 梁某某诉某县医疗保险事业管理局社会保障行政给付案

——在行政案件中保障幼儿合法权益，实现对未成年人的全面司法保护

【基本案情】

原告梁某某（2017年11月出生）出生后即患有先天性心脏病，于2018年5月在某儿童医院住院治疗，产生医疗费7万余元。梁某某的亲属于2017年11月向某县医疗保险事业管理局为梁某某一次性缴纳了2017年、2018年参保费用。因某县医疗保险事业管理局在医疗系统中未有效录入梁某某2018年的连续参保信息，导致梁某某无法报销住院费用。原告梁某某于2018年7月诉至法院，请求报销住院期间产生的医疗费。

【裁判结果】

法院在查明梁某某缴纳2017年、2018年医保参保费情况属实后，向某县医疗保险事业管理局发出《司法建议书》，建议会同相关单位采取补救措施，维护当事人梁某某的合法权益。某县医疗保险事业管理局根据《司法建议书》召开局务会，认定梁某某续保关系成立，对梁某某2018年上半年就医费用进行补报销。领取到报销费用后，梁某某向法院提出撤诉申请，法院裁定准许撤诉。

【典型意义】

本案是一起涉未成年人社会保障行政给付的典型案例。梁某某系患有先天性心脏病的幼儿，出生后即产生较高医疗费，且后续仍需相关医疗费用。如按常规程序历经一审、二审、执行，将会贻误梁某某的治疗。

法院在受理案件后，为确保梁某某得到及时救治，改变传统工作思路，与被告以及原告所在乡政府多次沟通，进行法律释明，协调各方就梁某某参保关系成立这一核心事实达成共识。同时向某县医疗保险事业管理局发出司法建议并被采纳，有力推动了问题的解决。本案的实质化解，体现了人民法院行政审判工作在分清是非，切实保护当事人合法权益的基础上，坚持诉源治理，切实把非诉讼纠纷解决机制挺在前面，以满足广大人民群众多元、高效、便捷的解纷需求的司法理念，彰显了人民法院通过对行政行为进行监督，维护未成年人合法权益的担当，筑牢了对未成年人的立体司法保护网。

依法严惩侵害未成年人犯罪不手软
依法维护未成年人合法权益不松懈

——最高人民法院少年法庭工作办公室负责人就未成年人权益司法保护典型案例答记者问

2022年3月1日，最高人民法院发布了9起未成年人权益司法保护典型案例，最高人民法院少年法庭工作办公室负责人就有关问题接受了采访。

问：与以往发布的典型案例相比，这次发布九起案例有哪些特点或特色？

答：本次发布的9起未成年人权益司法保护典型案例，是从全国各级法院审理的未成年人刑事、民事及行政案件中精心筛选出来的，与以前发布的各类典型案例相比，这次发布的九起案例主要有以下几个特点。

一是类型多样。这九起案例既有严惩性侵未成年人的刑事案件，也有延伸帮教未成年被告人重回正轨的特色审判案件；既有涉及未成年人的变更抚养权、发出家庭教育令等民事案件，也有未成年人入住宾馆、向未成年人出售烟酒等新型侵权案件；还有涉及未成年人社会保障给付的行政案件。这些案例体现了人民法院坚持给予未成年人特殊、优先保护和双向保护、综合保护的立场理念，是贯彻最有利于未成年人原则的生动实践。

二是关注度高。案例的选取着眼于社会普遍关注的涉及未成年人的多发案件或典型案件。例如，案例一是利用教师身份强奸女学生的性侵未成年人案件，对这类行为的从严惩处，彰显了司法机关从严从重打击性侵未成年人犯罪的坚定决心。案例五和案例六，是未成年人高额购买网络游戏账号被判返还，以及未成年人同意文身不构成侵权免责事由的案件，涉及《民法典》《未成年人保护法》的准确实施，社会各界普遍关注。

三是意义重大。这9起案例中，大部分案件都是在《未成年人保护法》《家庭教育促进法》生效后审判的，对于有效贯彻落实新法具有重要的示范、指引意义。例如，案例三是在2022年1月1日《家庭教育促进法》实施后，发出全国首份《家庭教育令》的典型案例，社会各界广泛关注、反应良好。案例七和案例八，一个是餐厅向未成年人出售烟酒，一个是宾馆对未成年人未严格落实入住程序，均属于违反《未成年人保护法》的相关规定、依法要承担责任的案例。有关案例的审理、发布，不仅对其他人民法院审理类似案件具有参考意义，更有利于敦促有关经营者严格履行法定义务。

集中发布这些典型案例，一方面是为了彰显人民法院坚持依法严惩各类侵害未成年人的违法犯罪不手软、坚持依法维护未成年人合法权益不松懈的鲜明立场和坚定决心，另一方面也希望全社会更加关心少年儿童事业，共同为未成年人安全、健康成长营造良好的法治和社会环境。

问：随着《民法典》《未成年人保护法》《预防未成年人犯罪法》以及《家庭教育促进法》的实施，人民法院在贯彻落实这些法律、加强对未成年人的司法保护方面，具体采取了哪些举措？

答：人民法院始终高度重视未成年人权益保护和犯罪预防工作，最高人民法院多次专门下发通知，要求各级人民法院通过组织开展学习培训等方式，深入贯彻落实涉未成年人的相关法律法规，严格落实法律要求，确保法律有效实施。

一是依法审理涉未成年人权益的各类案件。对性侵、拐卖、虐待、暴力伤害等严重侵害未成年人权益、严重违背社会伦理道德的违法犯罪行为，人民法院坚持零容忍态度，坚决依法从严打击。通过依法严惩，让为非作恶者付出代价，让受害的孩子及其家庭得到抚慰，让社会公众感受到公平正义。在案件审理过程中，人民法院从有利于未成年人健康成长的角度出发，综合运用社会观护、心理疏导、诉讼教育引导等制度，依法给予未成年人特殊、优先保护，体现了司法的人文关怀。

二是加强对未成年人的全面、综合司法保护。既加强对未成年人的刑事保护，也重视对未成年人民事、行政权益的保护。按照最有利于未成年人的原则，依法妥善审理涉及未成年人监护、抚养、探望等各类民事案件，以及受教育权、社会保障给付、征收补偿安置等行政案件，确保未成年人的正常学习和生活。在办理涉及未成年人的各类案件过程中，人民法院还会根据情况及时采取司法救助、转学安置、家庭教育令等措施，让未成年人感受到司法的温度。

三是强化少年审判监督指导。最高人民法院单独或会同有关部门，适时出台司法解释和指导意见，贯彻落实特殊、优先保护未成年人的原则，对法律适用和政策把握的具体标准作出明确规定，织细织密保护未成年人的法网。例如，为准确贯彻实施《刑法修正案（十一）》，依法严惩性侵未成年人犯罪，最高人民法院正在起草《关于办理强奸、猥亵未成年人等刑事案件具体应用法律若干问题的解释》；为贯彻落实教职员工犯罪从业禁止制度，最高人民法院会同最高人民检察院、教育部起草了《关于落实从业禁止制度的意见》；为确保家庭教育促进法准确、统一、有效实施，最高人民法院正在综合各地法院的经验，着手起草实施细则，等等。

四是积极参与综合治理。创新工作机制，丰富宣传教育形式，充分利用微信公众号、微博等新媒体，通过充分发挥法治副校长作用、发布典型案例以及推动法官进校园、进社区、进家庭等喜闻乐见的方式，深入开展好对未成年人权益保护的普法宣传和法治教育，提升未成年人遵纪守法、自我保护和寻求帮助的意识和能力。积极延伸审判职能，与其他相关部门协作配合，建立联动工作机制，形成合力，落实好未成年人权益保护的各项措施。针对未成年人保护的漏洞盲区和薄弱环节，有针对性地向有关部门和单位提出司法建议，促进完善社会治理体系，保障未成年人的健康成长。

问：新时代人民法院在加强少年审判专业化建设方面采取了哪些措施？下一步将如何更好地发挥职能作用？

答：少年审判三十多年的探索实践充分证明，机构专门化、审判专业化、队伍职业化，是加强对未成年人这一特殊群体司法保障的重要举措，也是中国特色少年司法制度优越性的重要体现。面对新时代、新任务、新要求，坚持少年审判专业化发展方向，加强少年审判专业化建设，是贯彻落实修订后的《未成年人保护法》《预防未成年人犯罪法》，全面加强新时代少年审判工作的重要保障。

一是提高政治站位，深刻认识加强少年审判工作的重大意义。三十多年以来，少年法庭从无到有、由少到多，不断发展壮大。少年审判工作得到了社会各界的充分肯定，是人民法院的一块“金字招牌”，被誉为“特殊的希望工程”。党的十八大以来，以习近平同志为核心的党中央更加重视、关怀未成年人的健康成长，习近平总书记多次对加强少年儿童保护工作作出重要指示批示。人民法院将进一步深刻认识新时代加强少年审判工作的重大意义，提高政治站位，从实现中华民族伟大复兴的高度，推动少年审判工作在新的历史条件下不断发展进步。

二是深化少年司法改革，完善少年审判制度机制。2021 年 1 月，最高人民法院发布了《关于加强新时代未成年人审判工作的意见》，强调要坚持并巩固少年审判专业化发展方向，就加强少年审判的组织领导、机制建设、队伍建设、审判管理等作出全面部署。3 月，最高人民法院成立少年法庭工作办公室，负责综合统筹全国未成年人审判指导工作，同时在六个巡回法庭分别设立“少年法庭巡回审判点”。为精准分析涉未成年人案件规律，完善了专门的统计指标体系。在最高人民法院的示范、带动下，目前，全国法院独立建制或通过加挂牌子方式设立少年法庭共计 2181 个，开创了全国少年审判工作改革创新的新局面。

三是坚持问题和需求导向，深化少年审判专业化建设。目前，全国少年法庭建设取得了很大成效，但仍存在一些问题。例如，案多人少的矛盾日益突出，审理未成年人案件的专门法官和审判团队有时不得不同时审理其他案件，影响了延伸帮教等未成年人审判特色工作的有效开展。下一步，我们将立足现实条件，积极推动实践创新，进一步落实少年审判专业化、制度化、规范化的发展目标，推进实现少年法庭统一归口管理，建立适应少年审判特点的绩效考核体系，鼓励具备条件的法院，成立专门审判庭负责审理少年案件，保障少年案件由专门法官办理、少年法官专审少年案件，通过专业审判，更加有效地贯彻最有利于未成年人的法律原则，更加有力地守护未成年人健康、安全成长。

【地方案例选登】

河北法院未成年人保护典型案例

（2021 年 11 月 23 日）

未成年人是家庭的希望、国家与民族的未来。2021 年以来，河北省法院深入贯彻《最高人民法院关于加强新时代未成年人审判工作的意见》，顺应人民群众对未成年人司法保护工作的新期待和新要求，全省三级法院建成统一归口管理的专业化审判组织体系，掀开了新时代未成年人审判工作新篇章。截至 2021 年 4 月 23 日，全省 176 个基层法院全部挂牌成立少年法庭，是继海南后第二家实现少年法庭基层法院全覆盖的省份，经验做法被最高人民法院《少年法庭工作动态》登载推广。在全省法院队伍教育整顿活动中，把“组织发布一批未成年人审判工作典型案例”作为“我为群众办实事”的一项实践活动。在 2021 年 5 月发布第一批典型案例的基础上，现决定继续发布第二批未成年人保护典型案例。

本次发布的未成年人保护典型案例共 10 件，其中，刑事、民事案例各 5 件。5 件刑事案例中，未成年人犯罪 3 件，侵害未成年人犯罪 2 件。案例一中 5 名未成年人多次实施盗窃，其典型意义在于反思本案例，家庭、学校、政府和社会应当共同对未成年人加强法制教育。案例二涉及通过网络猥亵儿童的新型犯罪，教育大家应当对此类犯罪引起高度重视，加强防范和打击。案例三是一起对未成年人寻衅滋事的案件，其典型性在于未成年受害人附带民事部分不仅胜诉，而且相关法院主动移交强制执行，使受害人尽快得到医治，走出案件阴影。案例四是一起未成年人盗窃案，案例五是一起未成年人交通肇事案，相关法院坚持贯彻“教育、感化、挽救”的原则，对失足未成年人从轻判决，且对于未成年人加强自我管理、提升自身修养具有借鉴意义。5个民事案例，分别涉及离婚后变更子女抚养关系、非婚生未成年子女抚养、校园伤害、未成年人大额购买网络游戏平台游戏产品行为效力以及针对某儿童险种的人身保险合同理赔纠纷，人民法院从不同角度加大对未成年人民事权益的司法保护力度，为人民法院办理类似案件提供了有益参考。

案例一　汤某等人盗窃案

（一）基本案情

2019年7月14日凌晨2时许，被告人汤某、曹某、张某、路某、王某在某超市内盗窃现金3000元、标价合计12755元的待售香烟、苹果手机一部（经价格认证中心估价771元），损坏卷帘门和玻璃门。同年7月某一天，被告人曹某、路某、张某、汤某在某镇路边盗窃一辆本田摩托车（失主称其现价4000余元，因未追回，物价局无法评估），被告人曹某称摩托车卖了550元赃款已挥霍。7月另一天，被告人曹某、汤某、荣某（另案处理）、潘某（另案处理）在某小区超市盗窃价值1867元的待售卷烟、价值78元的牛奶，并损坏该处刚花费800元安装好的窗户玻璃。被告人汤某于2019年8月1日投案自首。被告人汤某、张某、曹某、路某、王某已分别对被害人进行赔偿，并取得被害人谅解。

（二）审理结果

被告人汤某、张某、曹某、路某、王某窃取他人财物，数额较大，构成盗窃罪。各被告人均是未满18周岁的未成年人，应当从轻或者减轻处罚。各被告人均当庭供述自己的罪行，认罪态度好，且签署了认罪认罚具结书，均对涉案被害人进行了赔偿，获得了被害人的谅解，可酌定从轻处罚。法院以汤某等5名被告人犯盗窃罪，分别判处七个月到十一个月不等的有期徒刑并处罚金。

（三）典型意义

本案5名未成年被告人多起盗窃犯罪，原因主要有家庭疏于管教、学校法治教育缺失、社会不良风气影响等多种因素，特别是本案中5名被告人持续脱离家庭管理，没有良好的家庭氛围、之前犯错后没有得到帮助予以改正，未能树立正确的人生观和价值观。此案警示意义在于：预防未成年人犯罪是一项综合治理工程，需要家庭、学校、社会、政府共同努力，传授文化知识与法治教育并重，营造未成年人健康成长的良好社会氛围。

案例二　李某某猥亵儿童案

（一）基本案情

2020年6月11日，被告人李某某与被害人孙某某（2007年3月5日出生）相互添加为QQ好友，双方聊天中孙某某告诉李某某其上初中一年级，被告人李某某明知孙某某不满14周岁的情况下，诱骗孙某某通过QQ向其发送裸体照片、视频。同年6月19日，孙某某用手机自拍裸体视频3段、裸照1张，通过QQ发送给李某某，李某某将上述视频、照片保存于自己手机中供自己观看。同年6月21日18时22分，被告人李某某将孙某某诱骗至自己家中，对孙某某实施猥亵。

（二）审理结果

被告人李某某为满足性刺激，违背儿童意志，诱骗儿童拍摄裸体敏感部位照片、视频供其观看；采用暴力、威胁手段对儿童实施猥亵，其行为侵犯了儿童的人格、名誉和身心健康，已构成猥亵儿童罪。法院判决被告人李某某犯猥亵儿童罪，判处有期徒刑三年。

（三）典型意义

随着网络技术发展，通过网络对儿童实施猥亵成为一种新型犯罪。近年来，借用网络工具实施非直接身体接触的猥亵行为日益增多，与传统的猥亵行为同样具有社会危害性，并且往往会进一步发展为接触式猥亵甚至强奸。网络空间不是法外之地，对网络猥亵犯罪应保持零容忍态度进行严厉打击。同时要加强对网络猥亵等犯罪的防范，家庭、学校、社会都要向少年儿童多加提醒、教育，保护其身心健康发展。

案例三　王某寻衅滋事案

（一）基本案情

被告人王某在担任某小区保安期间，2020 年 7 月 17 日晚，酒后对临时保安徐某（2004 年 9 月 12 日出生，系某职教中学生）进行辱骂、以拳头击打其面部，后被人劝开。徐某伤情经司法鉴定为轻伤二级，住院治疗 7 天，支付医疗费 6911 元、法医鉴定费 1000 元，并有护理费、住院伙食补助费、营养费等损失。

（二）审理结果

法院认定被告人王某犯寻衅滋事罪，判处有期徒刑二年，赔偿附带民事诉讼原告徐某医疗费、鉴定费、住院伙食补助费、误工费、营养费等各项经济损失共计人民币 9132 元。判决生效后，将该案及时移交强制执行，执行款到位。

（三）典型意义

未成年人初入社会，遭遇不法侵害后极易受到生理、心理的双重创伤，案件办理中需要注重对未成年被害人的特殊保护，让其感受到司法的温度。对附带民事判决部分，法院发现被告人不愿履行义务后，主动移交强制执行，使被害人及时得到医治，尽快走出案件阴影。

案例四　邢某某盗窃案

（一）基本案情

2019 年 5 月至 2020 年 5 月，被告人邢某某在某县实施盗窃 6 起。第一起为 2019 年 5 月的一天，入户盗窃某村庞某某家中一辆雅马哈牌摩托车（经认定，价格为 867 元），后销得赃款 350 元；第二起为 2020 年 3 月 17 日盗窃张某某汽车内一台笔记本电脑（经认定，价格为 3050 元），后将赃物归还；第三起为 2020 年 4 月 18 日，在庞某某（第一起案件同一被害人）家冒充主人身份将一台电脑、一台海尔牌电视机（经认定，价格为 550 元）卖出得赃款 350 元；第四起为同年 4 月的一天，入户盗窃某村杨某某桌上 200 元现金；第五起为同年 5 月 10 日，以与第三起同样方式将庞某某家中旧空调、洗衣机、落地扇等卖出得赃款 360 元；第六起为同年 5 月 14 日，以同样方式将庞某某家中采暖炉、煤气罐、旧电视等物品（经认定，价格为 163 元）卖出得赃款 125 元。

另查明，被盗窃的雅马哈牌摩托车、采暖炉、创维及海尔牌电视机、电脑、煤气罐已退还给被害人。

（二）审理结果

被告人邢某某以非法占有为目的，多次入户盗窃他人财物，数额较大，其行为已构成盗窃罪。被告人邢某某犯罪时未满十八周岁，应从轻处罚；自愿认罪认罚，依法从宽处理。被告人邢某某如实供述自己的罪行，系坦白，可从轻处罚；返还部分赃物，可酌情从轻处罚。一审判决被告人邢某某犯盗窃罪，判处有期徒刑一年，并处罚金二千元。邢某某上诉后，二审法院查明邢某某第一起盗窃时尚不满16周岁，不应对该起盗窃承担刑事责任，故改判邢某某有期徒刑九个月，并处罚金二千元。

（三）典型意义

未成年人涉世未深，身心尚不成熟。二审中查明被告人在第一起盗窃时尚未满16周岁，不应对该起盗窃承担刑事责任，遂对刑期予以改判，并从教育、挽救目的出发，积极与被告人父母沟通，共同促使被告人悔过自新，表示不再重蹈覆辙。

案例五　张某交通肇事案

（一）基本案情

无机动车驾驶证的被告人张某，2020年4月（此时未满18周岁）醉酒驾驶小型轿车载人行驶，撞向道路旁山体，致搭载车辆的两人重伤二级。经公安交通警察大队认定，张某负本次事故的全部责任。

（二）审理结果

一审以张某犯交通肇事罪判处有期徒刑十一个月，张某及其法定代理人赔偿被害人各项经济损失52702.29元。张某提出上诉，经二审调解，被告人与被害人就刑事附带民事诉讼部分达成调解协议，张某及其法定代理人积极履行赔偿义务先行赔偿被害人51500元，取得了被害人谅解，张某认罪悔罪，二审法院改判判处有期徒刑十一个月，缓刑一年零六个月。

（三）典型意义

法官两次到案发地走访调查，查明交通肇事原因及搭乘车人与被告人之间的关系，促成了民事部分调解。在审理涉及未成年人犯罪的刑事附带民事案件中，注重对民事部分的调解，有助于刑事部分的依法从轻量刑，作出轻缓化、非监禁化判决，遵循了对未成年人教育、挽救的方针。

案例六　高某诉张某变更子女抚养关系案

（一）基本案情

高某（男）和张某（女）原系夫妻关系。2019 年 6 月 26 日经法院调解离婚，约定高某直接抚养长女高某甲、长子高某乙，并承担抚养费。但是两名子女随父亲高某共同生活几个月后，主动随母亲共同生活至今。原告高某因患急性髓系白血病，曾多次在省市医院住院治疗，以无力抚养孩子，不能尽到监护人抚养义务为由，起诉请求在不变更原抚养关系的情况下由被告张某抚养孩子。

（二）审理结果

法院支持了原告的诉讼请求，判决两名子女由其母亲被告张某直接抚养，在原告高某急性髓系白血病治愈前由被告张某负担抚养费。

（三）典型意义

原告、被告虽然离婚，但应将家庭破裂对孩子的影响降到最低。本案中，离婚时双方约定由男方抚养孩子，因男方患严重疾病要求变更子女抚养关系，符合法定条件，而且孩子在父母离婚后也有选择跟随父、母任一方生活的权利。法院判决变更由被告直接抚养孩子，既尊重了孩子的选择，有利于亲情维系，更有利于未成年人合法权益保障。

案例七　徐某乙诉石某某抚养费纠纷案

（一）基本案情

原告徐某乙（女，2019年6月生），系徐某甲（母亲）与被告石某某（父亲）的非婚生女，一直随母亲徐某甲生活，未与石某某共同生活。被告石某某在某高速收费站工作，其工资证明记载月工资2386元。根据原告母亲徐某甲的申请，法院查询了石某某2020年3月至10月的工资收入情况，其工资收入多数在4000元左右，有时是1000余元。如果按石某某月收入3500元的25%计算每月抚养费为875元，自孩子出生至起诉日抚养费计14875元。原告暂请求给付1万元。

（二）审理结果

一审判决石某某于判决生效之日起十日内支付原告抚养费1万元。后原告、被告均提出上诉，经二审法院调解，双方达成调解协议：作为父亲的石某某给付孩子母亲3万元购房款及其他财产抵作原告自出生至起诉日的抚养费，以后抚养费由石某某每年3月6日一次性支付6660元至孩子年满18周岁。

（三）典型意义

非婚生子女享有与婚生子女同等的权利，不论随父或母任一方一起生活，不直接抚养子女的一方也应当负担子女生活费、教育费，直至子女能独立生活为止。二审法院为最大限度保护未成年人的合法权益，多次沟通协调，最终促成了调解，案结事了。

案例八　李某某诉某电子商务公司网络服务合同纠纷案

（一）基本案情

原告李某某（案发时 14 周岁），使用自己的昵称“穷的自***”在拼多多平台注册多多号“3255103*****”，注册时未经实名认证。被告某电子商务公司系拼多多平台网店“X 游戏”的经营者。

2020 年 12 月 18 日，原告在被告经营的网店“X 游戏”客服人员诱导下，于当日 18 点在 20 分钟内 7 次从“X 游戏”购买 374 个游戏账号，共计支付被告游戏账号款 36652 元。原告绑定游戏的手机号是原告的 130xxx362。原告父母 12 月 19 日发现原告上述大额购买行为后，及时与该游戏网店客服人员联系，表示对原告购买游戏账号及付款行为不予追认并要求被告退款。被告辩称原告是通过其自己的昵称“穷的自****”及微信号“Obse****”向被告支付购买游戏账号的款，使用其母亲姓名和身份证号进行的实名认证，绑定的是其母亲名下工商银行卡号，应自负民事责任。

（二）审理结果

法院认为，根据《民法典》的规定，限制民事行为能力人实施的纯获利益的民事法律行为或者与其年龄、智力、精神健康状况相适应的民事法律行为之外的民事法律行为经法定代理人同意或者追认后有效。14 周岁的原告 20 分钟内购买游戏账号 7 次共支付 36652 元，显然与其年龄、智力不相适应，其法定代理人明确表示不予追认，故判决原告李某某实施的上述行为无效，被告向原告返还 36652 元。

（三）典型意义

避免未成年人长期沉迷于网络游戏，是保护未成年人合法权益的一项重要内容。本案提示我们，作为未成年人的监护人应当加强对孩子的教育引导，防止孩子沉迷于网络游戏，并应保管好自己的手机、银行卡密码，防止孩子用来绑定进行大额充值；政府有关部门应当加强对网络游戏网点的监管，督促其采取有效技术措施，减少类似事件的发生。

案例九　梁某诉赵某、李某、某中学等侵权责任纠纷案

（一）基本案情

原告梁某与被告赵某系某中学七年级 15 班同学，均系限制民事行为能力人，李某系赵某之母。

2020 年 11 月 2 日 14 时，梁某与赵某从教室前往操场上体育课。途中闹着玩时梁某将手搭在赵某肩上说“给我来个过肩摔”，赵某随即将梁某摔倒在地，致梁某受伤。同学尽快通知了其班主任到场，随即送梁某去医院。原告梁某起诉，请求判令被告赵某、李某、某中学、某保险公司共同赔偿梁某医疗费、住院伙食补助费 32618 元。

（二）审理结果

赵某、梁某均系限制民事行为能力人，根据年龄及认知能力，应当能够意识到“过肩摔”动作的危险性，双方均未能尽到防范、审慎注意义务，均存在过错，应各自承担相应的民事责任。法院判决被告赵某承担 50%的责任，某中学未尽到安全保护义务承担 20%责任，原告梁某自担 30%的责任。

（三）典型意义

校园是未成年人学习成长的主要环境，学校对未成年学生承担一定的教育、管理、保护义务。校园伤害案件中，所涉各方往往对各自义务、职责缺乏明确认知。本案中确定校方承担 20%责任、被侵权方自担 30%

责任、直接侵权方及其监护人承担50%赔偿责任，有利于引导各方注意应尽的监护义务和管理职责，增强未成年人自身安全保护意识。

案例十　杨某诉某人寿保险公司人身保险合同纠纷案

（一）基本案情

2018 年 8 月 24 日，赵某为其儿子杨某（2018 年 7 月 5 日出生）在某人寿保险公司投保“少儿某宝两全保险”，附加“少儿某宝重大疾病保险”，保险期间为三十年，交纳保险费年限为十年，赵某已交纳了三年保险费。在投保单中“健康告知事项”第四部分“4 岁以下（含 4 岁）被保险人补充告知栏、询问是否有畸形、发育迟缓、惊厥、抽搐、脑瘫、先天性疾病或遗传性疾病等”，赵某勾选了“否”。在“少儿某宝重大疾病保险”保险责任中约定了重大疾病和少儿特定重大疾病包括造血干细胞移植术；在责任免除条款约定遗传性疾病不属于保险赔偿责任范围。

2020 年 7 月 31 日，杨某被某儿童医院诊断患有“黏多糖贮积症Ⅱ型”，在住院治疗 3 次后，2020 年 9 月 8 日，在该医院做造血干细胞移植手术。原告杨某向被告某人寿保险公司申请保险理赔。被告某人寿保险公司认为杨某所患疾病属于保险责任免除事项，主张解除保险合同，不予理赔。

（二）审理结果

法院认定，原告在医院初次接受造血干细胞移植手术，符合保险条款约定的重大疾病范围，所患疾病黏多糖贮积症是否为遗传性疾病，不影响因已确诊为初次患重大疾病接受造血干细胞移植手术而向被告主张保险金理赔，故判决被告某人寿保险公司给付原告杨某保险金 605306 元。

（三）典型意义

随着保险行业发展，父母以未成年子女为被保险人，投保人身意外和重大疾病保险的情况非常普遍。在审理未成年人人身保险合同案件时，人民法院应本着合理维护被保险人利益的原则，从保险合同格式条款解释、保险人说明义务等规则出发，依法保护未成年人合法权益。

【最新立法司法动态】

国家互联网信息办公室

关于《未成年人网络保护条例（征求意见稿）》再次公开征求意见的通知

（2022年3月14日）

为了营造健康、文明、有序的网络环境，保护未成年人身心健康，保障未成年人在网络空间的合法权益，按照有关立法规划计划安排，前期国家互联网信息办公室起草了《未成年人网络保护条例（征求意见稿）》并公开征求意见。此后，国家互联网信息办公室会同司法部根据新修订制定的《中华人民共和国未成年人保护法》《中华人民共和国个人信息保护法》等法律和社会公众反馈意见，对《未成年人网络保护条例（征求意见稿）》进行了修改完善。为深入推进科学立法、民主立法、依法立法，提高立法质量，现再次公开征求意见。公众可通过以下途径和方式提出反馈意见：

附件：1. 未成年人网络保护条例（征求意见稿）

2. 关于《未成年人网络保护条例（征求意见稿）》的说明

未成年人网络保护条例（征求意见稿）

第一章　总　　则

第一条　为了营造健康、文明、有序的网络环境，保护未成年人身心健康，保障未成年人在网络空间的合法权益，根据《中华人民共和国未成年人保护法》《中华人民共和国网络安全法》《中华人民共和国个人信息保护法》等法律，制定本条例。

第二条　未成年人网络保护工作应当坚持最有利于未成年人的原则，以社会主义核心价值观为引领，适应未成年人身心健康发展和网络空间的规律和特点，实行社会共治。

第三条　国家网信部门负责统筹协调未成年人网络保护工作，并依据职责做好相关未成年人网络保护工作。

国家新闻出版部门和国务院教育、电信、公安、民政、文化和旅游、卫生健康、市场监督管理、广播电视等有关部门依据各自职责做好相关未成年人网络保护工作。

县级以上地方有关部门依据各自职责做好相关未成年人网络保护工作。

第四条　共产主义青年团、妇女联合会、工会、残疾人联合会、关心下一代工作委员会、青年联合会、学生联合会、少年先锋队以及其他人民团体、有关社会组织、基层群众性自治组织，应当协助有关部门做好未成年人网络保护工作，维护未成年人在网络空间的合法权益。

第五条　家庭、学校和其他教育机构应当教育引导未成年人参加有益身心健康的活动，科学、文明、安全、合理使用网络，预防和干预未成年人沉迷网络。

第六条　网络产品和服务提供者、个人信息处理者、智能终端产品制造者和销售者应当遵守法律法规规章，尊重社会公德，遵守商业道德，诚实信用，履行未成年人网络保护义务，承担社会责任。

第七条 网络产品和服务提供者、个人信息处理者、智能终端产品制造者和销售者应当接受政府和社会的监督，配合有关部门依法实施涉及未成年人网络保护工作的监督检查，建立便捷、合理、有效的投诉、举报渠道，通过显著方式公布投诉、举报途径和方法，及时受理并处理公众投诉、举报。

第八条 任何组织和个人发现违反本条例规定的，可以向网信、新闻出版、教育、电信、公安、民政、文化和旅游、卫生健康、市场监督管理、广播电视等有关部门投诉、举报。收到投诉、举报的部门应当及时依法作出处理；不属于本部门职责的，应当及时移送有权处理的部门。

第九条 网络相关行业组织应当加强行业自律，制定未成年人网络保护相关行业规范，指导会员履行未成年人网络保护义务，加强对未成年人的网络保护。

第十条 新闻媒体应当通过新闻报道、专题栏目（节目）、公益广告等方式，开展未成年人网络保护法律制度、政策措施和有关知识的宣传，对侵犯未成年人网络权益的行为进行舆论监督，引导全社会共同参与未成年人网络保护。

第十一条 国家鼓励和支持在未成年人网络保护领域加强科学研究和人才培养，开展国际交流与合作。

第十二条 对在未成年人网络保护工作中作出突出贡献的组织和个人，按照国家有关规定给予表彰和奖励。

第二章 网络素养培育

第十三条 国务院教育行政部门应当将网络素养教育纳入学校素质教育内容，并会同国家网信部门制定未成年人网络素养测评指标。

教育行政部门应当指导、支持学校开展未成年人网络素养教育，围绕网络道德意识和行为准则、网络法治观念和行为规范、网络使用能力建设、人身财产安全保护等，培育未成年人网络安全意识、文明素养、行为习惯和防护技能。

第十四条 县级以上人民政府应当科学规划、合理布局，加强提供公益性上网服务的公共文化设施建设，改善未成年人上网条件，促进公益性上网服务均衡协调发展。

县级以上地方人民政府应当通过为中小学校配备具备相应专业能力的指导教师或者政府购买服务等方式，为学生提供优质的网络素养教育课程。

第十五条 学校、社区、图书馆、文化馆、青少年宫等场所为未成年人提供互联网上网服务设施，应当通过安排专业人员和招募志愿者、教师、家长参与等方式，以及安装未成年人网络保护软件或者采取其他安全保护技术措施，为未成年人提供上网指导和安全、健康的上网环境。

第十六条 学校应当将科学、文明、安全、合理使用网络等内容纳入教育教学活动，并合理使用网络开展教学活动，建立健全学生在校期间上网的管理制度，对学生进行网络素养教育，依法规范管理未成年学生带入学校的智能终端产品，帮助学生养成良好上网习惯，培养学生网络安全意识，增强学生对网络信息的获取和分析判断能力。

第十七条 未成年人的监护人应当主动学习网络知识，提高自身网络素养，规范自身使用网络的行为，加强对未成年人使用网络行为的教育、示范、引导和监督。

第十八条 国家鼓励和支持专门以未成年人为服务对象、适应未成年人身心健康发展规律和特点的上网保护软件、智能终端产品和青少年模式、未成年人专区等网络技术、产品、服务的研发、生产和使用，鼓励加强网络无障碍环境建设和改造，促进未成年人开阔眼界、提高素质、陶冶情操、愉悦身心。

第十九条 未成年人上网保护软件、专门供未成年人使用的智能终端产品应当具有有效识别违法信息和可能影响未成年人身心健康的信息、保护未成年人个人信息权益、预防未成年人沉迷网络、便于监护人履行监护职责等功能。

国家网信部门会同国务院有关部门根据未成年人网络保护工作的需要，明确未成年人上网保护软件、专门供未成年人使用的智能终端产品的相关技术标准或者要求，指导相关行业组织对未成年人上网保护软件、专门供未成年人使用的智能终端产品的使用效果进行评估，并向社会公布评估结果。

智能终端产品制造者应当在产品出厂前安装未成年人上网保护软件，或者采用显著方式告知用户安装渠道和方法。智能终端产品销售者在产品销售前应当采用显著方式告知用户安装未成年人上网保护软件的情况以及安装渠道和方法。

未成年人的监护人应当合理使用并指导未成年人使用上网保护软件、智能终端产品等，创造良好的网络使用家庭环境。

第二十条 未成年人用户数量巨大、在未成年人群体具有显著影响力的重要互联网平台服务提供者，应当履行下列义务：

（一）在互联网平台服务的设计、研发、运营等阶段，充分考虑未成年人身心健康发展特点，定期开展未成年人网络保护影响评估；

（二）提供青少年模式或者未成年人专区等，便利未成年人获取有益身心健康的平台内产品或者服务；

（三）按照国家规定建立健全未成年人网络保护合规制度体系，成立主要由外部成员组成的独立机构，对未成年人网络保护情况进行监督；

（四）遵循公开、公平、公正的原则，制定专门的平台规则，明确平台内产品或者服务提供者未成年人网络保护的义务，并以显著方式提示未成年人用户依法享有的网络保护权利和遭受网络侵害的救济途径；

（五）对严重违反法律、行政法规侵害未成年人身心健康或者侵犯未成年人其他合法权益的平台内的产品或者服务提供者，停止提供服务；

（六）每年发布专门的未成年人网络保护社会责任报告，并通过公众评议等方式接受社会监督。

第三章 网络信息内容规范

第二十一条 国家鼓励和支持弘扬社会主义核心价值观和中华优秀传统文化、培养未成年人家国情怀和良好品德、增强创新意识和能力、养成良好生活习惯和行为习惯、提高安全意识和技能等网络信息的制作、复制、发布、传播，营造有利于未成年人健康成长的清朗网络空间和良好网络生态。

第二十二条 禁止利用网络制作、复制、发布、传播含有危害未成年人身心健康内容的信息。

禁止向未成年人发送含有危害或者可能影响未成年人身心健康内容的信息。

第二十三条 禁止制作、复制、发布、传播或者持有有关未成年人的淫秽色情网络信息。

禁止诱骗、强迫未成年人制作、复制、发布、传播可能暴露其个人隐私的文字、图片、音视频，不得诱骗、强迫未成年人观看淫秽色情网络信息。

第二十四条 网络产品和服务中含有可能引发或者诱导未成年人模仿不安全行为、实施违反社会公德行为、产生不良情绪、养成不良嗜好等可能影响未成年人身心健康的信息的，制作、复制、发布、传播该信息的组织和个人应当在信息展示前予以显著提示。

第二十五条 国家网信部门会同国家新闻出版、电影部门和国务院教育、电信、公安、文化和旅游、广播电视等部门，在本条例第二十四条规定基础上确定可能影响未成年人身心健康的信息的具体种类、范围、判断标准和提示办法。

第二十六条 任何组织和个人不得在专门以未成年人为服务对象的网络产品和服务中制作、复制、发布、传播本条例第二十四条规定的可能影响未成年人身心健康的信息。

网络产品和服务提供者不得在首页首屏弹窗热搜等处于产品或者服务醒目位置、易引起用户关注的重点环节呈现本条例第二十四条规定的可能影响未成年人身心健康的信息。

第二十七条 任何组织和个人不得通过网络以文字、图片、音视频等形式，对未成年人实施侮辱、诽谤、威胁或者恶意损害形象等网络欺凌行为。

网络产品和服务提供者应当设置便利未成年人及其监护人保全遭受网络欺凌证据、行使通知权利的功能、渠道。遭受网络欺凌的未成年人及其监护人有权通知网络产品和服务提供者采取删除、屏蔽、断开链接、限制账号功能、关闭账号等必要措施。网络产品和服务提供者接到通知后，应当及时采取必要措施予以制止，防止信息扩散。

第二十八条 任何组织和个人不得利用网络组织、胁迫、引诱、教唆、欺骗、帮助未成年人实施不良行为、严重不良行为或者违法犯罪行为。

第二十九条 以未成年人为服务对象的在线教育网络产品和服务，应当符合不同年龄阶段未成年人身心发展特点和认知能力。

以未成年人为服务对象的在线教育网络产品和服务提供者应当遵守教育行政部门会同有关部门制定的机构设置、人员资质、收费监管等相关标准和制度，按照规定合理设置时段、时长和内容，不得插入网络游戏链接，不得推送广告等与教学无关的信息。

第三十条 网络产品和服务提供者应当加强对用户发布信息的管理，采取有效措施防止违反本条例第二十二条、第二十三条、第二十六条、第二十七条第一款、第二十八条、第二十九条第二款规定的信息的制作、复制、发布、传播，发现违反本条例上述条款规定的信息的，应当立即停止传输相关信息，采取删除、屏蔽、断开链接等处置措施，防止信息扩散，保存有关记录，并向网信、公安等部门报告。

网络产品和服务提供者发现用户发布本条例第二十四条规定的可能影响未成年人身心健康的信息未予显著提示的，应当作出提示或者通知用户予以提示；未作出提示的，不得传输该信息。

第三十一条 新闻媒体应当客观、审慎和适度采访报道涉及未成年人事件，不得通过网络宣扬体罚未成年人、侮辱未成年人人格尊严和未成年人违法犯罪等行为，不得通过网络披露未成年人违法犯罪和欺凌事件当事人的姓名、住所、照片以及其他可能识别出未成年人真实身份的信息。

第三十二条 国家网信、新闻出版部门和国务院有关部门发现违反本条例第二十二条、第二十三条、第二十六条、第二十七条第一款、第二十八条、第二十九条第二款规定的信息的，发现本条例第二十四条规定的信息未予以显著提示的，应当要求网络产品和服务提供者停止传输，依法采取删除、屏蔽、断开链接等处置措施，保存有关记录；对来源于境外的上述信息，应当通知有关机构采取技术措施和其他必要措施阻断传播。

第四章　个人信息保护

第三十三条 网络服务提供者为未成年人提供信息发布、即时通讯等服务，应当在确认提供服务时，要求未成年人或者其监护人提供未成年人真实身份信息。未成年人或者其监护人不提供未成年人真实身份信息的，网络服务提供者不得为未成年人提供相关服务。

网络直播服务提供者不得为未满十六周岁的未成年人提供网络直播发布者账号注册服务；为十六周岁以上的未成年人提供网络直播发布者账号注册服务的，应当对其身份信息进行认证，并经其监护人同意。

网络直播服务提供者应当建立网络直播发布者真实身份信息动态核验机制，对于不符合前款规定的，不得为其提供直播发布服务。

第三十四条 个人信息处理者通过网络处理未成年人个人信息的，应当遵循合法、正当、必要和诚信的原则，公开专门的处理规则，明示处理的目的、方式和范围，依法告知法律、行政法规规定的相关事项。

第三十五条 个人信息处理者基于个人同意处理不满十四周岁未成年人个人信息的，应当取得未成年人的监护人同意。

未成年人个人信息的处理目的、处理方式和处理的个人信息种类发生变更的，个人信息处理者应当依法重新取得同意。

第三十六条 个人信息处理者应当严格遵守必要个人信息范围的有关规定，不得以任何理由强制要求未成年人或者其监护人同意非必要的个人信息处理行为，不得因为未成年人或者其监护人不同意处理其非必要个人信息或者撤回同意，拒绝未成年人使用其基本功能服务。

第三十七条 个人信息处理者处理未成年人敏感个人信息的，应当具有特定的目的和充分的必要性，采取严格保护措施；在事前进行个人信息保护影响评估并对处理情况进行记录；依法告知处理敏感个人信息的必要性以及对个人权益的影响并取得单独同意。

前款规定的个人信息保护影响评估报告和处理情况记录应当至少保存三年。

第三十八条 个人信息处理者原则上不得向他人提供其处理的未成年人个人信息，确有必要向他人提供的，应当事前进行个人信息保护影响评估，依法向未成年人或者其监护人告知接收方的名称或者姓名、联系方式、处理目的、处理方式和个人信息的种类，并取得单独同意。接收方应当在上述处理目的、处理方式和个人信息的种类等范围内处理未成年人个人信息。接收方变更原先的处理目的、处理方式的，应当依法重新取得同意。

第三十九条 未成年人的监护人应当正确履行监护职责，教育引导未成年人增强个人信息保护意识和能力，指导未成年人行使其在个人信息处理活动中的各项权利，保护未成年人个人信息权益。

第四十条 对于未成年人或者其监护人依法提出的查阅、复制、转移、更正、补充或者删除未成年人个人信息的请求，个人信息处理者应当依法及时处理。

第四十一条 发生或者可能发生未成年人个人信息泄露、篡改、丢失的，个人信息处理者应当立即启动个人信息安全事件应急预案，采取补救措施，按照规定及时向网信部门和有关部门报告，并将事件情况以邮件、信函、电话、推送通知等方式告知受影响的未成年人及其监护人，难以逐一告知的，应当采取合理、有效的方式及时发布相关警示信息。

第四十二条 个人信息处理者对其工作人员应当以最小授权为原则，严格设定信息访问权限，控制未成年人个人信息知悉范围。工作人员访问未成年人个人信息的，应当经过相关负责人或者其授权的管理人员审批，记录访问情况，并采取技术措施，避免违法处理未成年人个人信息。

第四十三条 网络服务提供者发现未成年人私密信息或者未成年人通过网络发布的个人信息中涉及私密信息的，应当及时提示，并采取停止传输等必要保护措施，防止信息扩散。

第四十四条 个人信息处理者应当自行或者委托专业机构每年对其处理未成年人个人信息遵守法律、行政法规和国家有关规定的情况进行合规审计。

第四十五条 网信部门和有关部门及其工作人员对在履行职责中知悉的未成年人个人信息应当严格保密，不得泄露或者非法向他人提供。

第五章 网络沉迷防治

第四十六条 对未成年人沉迷网络进行预防和干预，应当遵守法律、行政法规和国家有关规定。严禁任何组织和个人以侵害未成年人身心健康的方式干预未成年人沉迷网络、侵犯未成年人合法权益。

卫生健康、教育、市场监督管理等部门依据各自职责对从事未成年人沉迷网络预防和干预活动的机构实施监督管理。

第四十七条 学校应当加强对教师的指导和培训，提高教师对未成年学生沉迷网络的早期识别和干预能力。对于有沉迷网络倾向的未成年学生，学校应当及时告知其监护人，共同对未成年学生进行教育和引导，帮助其恢复正常的学习生活。

第四十八条 未成年人的监护人应当监督未成年人安全合理使用网络，关注未成年人上网情况以及相关生理状况、心理状况、行为习惯，防范未成年人接触危害或者可能影响其身心健康的网络信息，合理安排未成年人使用网络的时间，预防和干预未成年人沉迷网络。

第四十九条 网络产品和服务提供者应当建立健全防沉迷制度，不得向未成年人提供诱导其沉迷的产品和服务，及时修改可能造成未成年人沉迷的内容、功能或者规则，并定期向社会公布防沉迷工作情况。

第五十条 网络游戏、网络直播、网络音视频、网络社交等网络服务提供者应当针对未成年人使用其服务设置青少年模式，在使用时段、时长、功能和内容等方面按照国家有关规定和标准提供服务，并为监护人履行监护职责提供时间管理、权限管理、消费管理等功能。

第五十一条 网络游戏、网络直播、网络音视频、网络社交等网络服务提供者应当采取措施，合理限制未成年人在使用网络产品和服务中的单次消费数额和单日累计消费数额，不得向未成年人提供与其民事行为能力不符的付费服务。

第五十二条 网络游戏、网络直播、网络音视频、网络社交等网络服务提供者应当采取措施，防范和抵制流量至上等不良价值倾向，不得设置以应援集资、投票打榜、刷量控评等为主题的社区、群组，不得诱导未成年人参与应援集资、投票打榜、刷量控评等网络活动，并预防和制止其用户诱导未成年人实施上述行为。

第五十三条 网络游戏服务提供者应当要求未成年人用户提供真实身份信息进行注册和登录使用，并通过国家建立的统一未成年人网络游戏电子身份认证系统等必要手段验证其真实身份信息。未成年人用户不提供真实身份信息进行注册和登录使用的，网络游戏服务提供者不得为其提供服务；已经为其提供服务的，应当立即终止服务、注销账号。

第五十四条 网络游戏服务提供者应当建立、完善预防未成年人沉迷网络游戏的游戏规则，避免未成年人接触可能影响其身心健康的游戏内容或者游戏功能。

网络游戏服务提供者应当落实适龄提示标准规范，根据不同年龄阶段未成年人身心发展特点，通过评估游戏产品的类型、内容与功能等要素，对游戏产品进行分类，明确游戏产品所适合的未成年人用户年龄阶段，并在用户下载、注册、登录界面等位置显著提示。

第五十五条 国家新闻出版、网信部门和国务院教育、文化和旅游、卫生健康等部门应当定期开展预防未成年人沉迷网络的宣传教育，监督检查网络产品和服务提供者履行预防未成年人沉迷网络的义务，指导家庭、学校、社会组织互相配合，采取科学、合理的方式对未成年人沉迷网络进行预防和干预。

国家新闻出版部门牵头组织开展未成年人沉迷网络游戏防治工作，会同有关部门制定关于向未成年人提供网络游戏服务的时段、时长、消费上限等管理规定。

第五十六条 卫生健康、教育等部门依据各自职责依托有关医疗卫生机构、高等学校等，开展未成年人沉迷网络所致精神障碍和心理行为问题的基础研究和筛查评估、诊断、预防、干预等应用研究。

第六章 法律责任

第五十七条 地方各级人民政府和县级以上有关部门违反本条例规定，不履行未成年人网络保护职责的，由其上级机关责令改正；拒不改正或者情节严重的，对直接负责的主管人员和其他直接责任人员依法给予处分。

第五十八条 学校、社区、图书馆、文化馆、青少年宫等违反本条例规定，不履行未成年人网络保护职责的，由县级以上教育、民政、文化和旅游等部门依据各自职责责令改正；拒不改正或者情节严重的，对直接负责的主管人员和其他直接责任人员依法给予处分。

第五十九条 未成年人的监护人不履行本条例规定的监护职责或者侵犯未成年人合法权益的，由未成年人居住地的居民委员会、村民委员会、妇女联合会，监护人所在单位，中小学校、幼儿园等有关密切接触未成年人的单位依法予以批评教育、劝诫制止、督促其接受家庭教育指导等。

第六十条 违反本条例第七条规定的，由县级以上网信、新闻出版、教育、电信、公安、民政、文化和旅游、市场监督管理、广播电视等部门依据各自职责责令改正；拒不改正或者情节严重的，处 5 万元以上 50 万元以下罚款，对直接负责的主管人员和其他直接责任人员，处 1 万元以上 10 万元以下罚款。

第六十一条 违反本条例第十九条第三款、第二十二条、第二十四条、第二十六条规定的，由县级以上网信、新闻出版、电信、公安、民政、文化和旅游、市场监督管理、广播电视等部门依据各自职责责令限期改正，给予警告，没收违法所得，可以并处 10 万元以下罚款；拒不改正或者情节严重的，责令暂停相关业务、停产停业或者吊销营业执照、吊销相关许可证，违法所得 100 万元以上的，并处违法所得 1 倍以上 10 倍以下的罚款，没有违法所得或者违法所得不足 100 万元的，并处 10 万元以上 100 万元以下罚款。

第六十二条 违反本条例第二十条、第三十四条至第三十八条、第四十条至第四十四条规定的，由县级以上网信等部门依据各自职责责令改正，给予警告，没收违法所得；拒不改正的，并处 100 万元以下罚款；对直接负责的主管人员和其他直接责任人员处 1 万元以上 10 万元以下罚款。

有前款规定的违法行为，情节严重的，由省级以上网信部门和有关部门责令改正，没收违法所得，并处 5000 万元以下或者上一年度营业额百分之五以下罚款，并可以责令暂停相关业务、停业整顿、通报有关部门依法吊销相关业务许可或者吊销营业执照；对直接负责的主管人员和其他直接责任人员处 10 万元以上 100 万元以下罚款，并可以决定禁止其在一定期限内担任相关企业的董事、监事、高级管理人员和未成年人保护负责人。

第六十三条 违反本条例第二十七条、第二十九条第二款、第三十条、第三十三条、第四十九条至第五十四条规定的，由公安、网信、电信、新闻出版、广播电视、文化和旅游等有关部门依据各自职责责令改正，给予警告，没收违法所得，违法所得100万元以上的，并处违法所得1倍以上10倍以下罚款，没有违法所得的或者违法所得不足100万元的，并处10万元以上100万元以下罚款，对直接负责的主管人员和其他直接责任人员处1万元以上10万元以下罚款；拒不改正或者情节严重的，并可以责令暂停相关业务、停业整顿、关闭网站、吊销营业执照或者吊销相关许可证。

第六十四条 网络产品和服务提供者违反本条例规定，受到关闭网站、吊销相关业务许可证或者吊销营业执照处罚的，5年内不得重新申请相关许可，其直接负责的主管人员和其他直接责任人员5年内不得从事同类网络产品和服务业务。

第六十五条 违反本条例规定，侵犯未成年人合法权益，给未成年人造成损害的，依法承担民事责任；构成违反治安管理行为的，依法给予治安管理处罚；构成犯罪的，依法追究刑事责任。

第七章　附　　则

第六十六条 本条例所称智能终端产品，是指可以接入网络、具有操作系统、能够由用户自行安装应用软件的手机、计算机等网络终端产品。

第六十七条 本条例自　年　月　日起施行。

关于《未成年人网络保护条例（征求意见稿）》的说明

一、立法必要性

近年来，随着互联网的普及应用，特别是移动互联网迅速发展，越来越多的未成年人开始接触和使用互联网。据统计，2020 年我国未成年网民规模已达 1.83 亿，未成年人的互联网普及率达到 94.9%，明显高于同期全国人口 70.4%的互联网普及率。互联网在拓展未成年人学习、生活空间的同时，也带来了一些问题，如未成年人安全合理使用网络的意识和能力不强、网上违法和不良信息影响未成年人身心健康、未成年人个人信息被滥采滥用、一些未成年人沉迷网络等，亟待通过立法加以解决。

习近平总书记指出，我们要本着对社会负责、对人民负责的态度，依法加强网络空间治理，加强网络内容建设，为广大网民特别是青少年营造一个风清气正的网络空间。党中央、国务院高度重视未成年人网络保护工作，有关文件多次提出要制定未成年人网络保护条例，国务院也多次将制定《未成年人网络保护条例》列入立法工作计划。

二、起草过程

根据党和国家关于未成年人网络保护和网信事业发展的决策部署，按照有关立法规划计划安排，国家互联网信息办公室会同司法部起草了《未成年人网络保护条例（征求意见稿）》。在此期间，国家互联网信息办公室、司法部先后向社会公开征求意见，多次大范围征求中央有关单位、部分地方政府和有关企业、行业协会和专家的意见，多次召开会议听取有关部门、企业、学校、家长和专家学者的意见；赴地方进行实地调研；根据《未成年人保护法》《预防未成年人犯罪法》《个人信息保护法》《家庭教育促进法》等相关法律制定修订进展，反复研究完善，形成了目前的征求意见稿。

三、主要内容

征求意见稿共七章六十七条，主要包括以下内容。

（一）关于加强未成年人网络素养培育

针对一些未成年人网络素养需要提高，科学、文明、安全、合理使用网络能力不强的问题，征求意见稿规定：一是将网络素养教育纳入学校素质教育内容，制定未成年人网络素养测评指标（第十三条）。二是改善未成年人上网条件，通过配备指导教师或者政府购买服务等方式提供优质的网络素养教育课程（第十四条）。三是明确为未成年人提供互联网上网服务设施的有关场所应当履行的未成年人网络保护义务，以及未成年人上网保护软件、专门供未成年人使用的智能终端产品应当具有的功能（第十五条、第十九条）。四是强化学校、监护人的网络素养教育责任，建立健全学生在校上网管理制度，加强监护人对未成年人使用网络行为的引导和监督（第十六条、第十七条）。五是鼓励和支持专门以未成年人为服务对象、适应未成年人身心健康发展规律和特点的网络技术、产品和服务的研发、生产和使用（第十八条）。六是强化重要互联网平台服务提供者在未成年人网络保护中的责任，并设置专门义务（第二十条）。

（二）关于加强网络信息内容规范

针对网上违法和不良信息影响未成年人身心健康、网络欺凌事件屡有发生、不法分子利用网络诱导未成年人违法犯罪等问题，征求意见稿规定：一是鼓励和支持有利于未成年人健康成长的网络信息的制作、复制、发布、传播（第二十一条）。二是加强对信息内容的管理，对含有危害未成年人身心健康内容的信息和可能影响未成年人身心健康的信息作出相应规范，明确网络产品和服务提供者发现相关信息的处置措施和报告义务（第二十二条至第二十四条、第二十六条、第三十条）。三是禁止对未成年人实施网络欺凌行为，保障未成年人及其监护人行使通知权利（第二十七条）。四是禁止利用网络组织、胁迫、引诱、教唆、欺骗和帮助未成年人实施不良行为、严重不良行为或者违法犯罪行为（第二十八条）。五是要求以未成年人为服务对象的在线教育网络产品和服务符合未成年人的身心发展特点和认知能力（第二十九条）。六是明确新闻媒体的未成年人保护义务，要求客观、审慎和适度采访报道涉及未成年人事件（第三十一条）。

（三）关于加强未成年人个人信息保护

针对未成年人个人信息被滥采滥用、保护不充分等问题，征求意见稿明确：一是明确网络服务提供者收集未成年人真实身份信息相关要求（第三十三条）。二是规定个人信息处理者处理未成年人个人信息的基本原则、知情同意、告知规则和提供规则（第三十四条至第三十六条、第三十八条）。三是规定个人信息处理者处理未成年人敏感个人信息需要履行的特殊义务（第三十七条）。四是明确监护人在未成年人个人信息保护中的监护职责（第三十九条）。五是明确个人信息处理者的配合义务、安全事件应急处置要求、未成年人个人信息访问权限限制和个人信息合规审计要求（第四十条至第四十二条、第四十四条）。六是强化对未成年人私密信息的保护。（第四十三条）。

（四）关于加强未成年人网络沉迷防治

针对一些未成年人沉迷于网络游戏、网络直播、网络音视频等网络产品和服务、未成年人非理性网络消费、参与“饭圈”乱象、“网瘾矫治机构”侵害未成年人身心健康等问题，征求意见稿规定：一是严禁以侵害未成年人身心健康的方式干预未成年人网络沉迷（第四十六条）。二是加强学校、监护人对未成年人沉迷网络的预防和干预，提高教师对未成年人沉迷网络的早期识别和干预能力，加强监护人对未成年人安全合理使用网络的监督（第四十七条、第四十八条）。三是明确平台责任义务，要求相关主体建立健全防沉迷制度，合理限制未成年人消费行为，采取措施防范和抵制流量至上等不良价值倾向（第四十九条至第五十二条）。四是完善网络游戏实名制规定，建立预防未成年人沉迷网络游戏的游戏规则，对游戏产品进行分类并予以适龄提示（第五十三条、第五十四条）。五是明确国家有关部门在未成年人网络沉迷防治工作方面的职责（第五十五条、第五十六条）。

此外，征求意见稿还对有关违法行为规定了相应的法律责任（第六章）。

（来源：中国网信网）

【统计分析】

2021 年人民法院审理未成年人犯罪情况

一、未成年人犯罪基本情况

2021 年人民法院共判处未成年人罪犯 34616 人，同比上升 2.51%，同期全部刑事案件罪犯人数为 1714942 人，同比上升 12.32%（见图 1）。

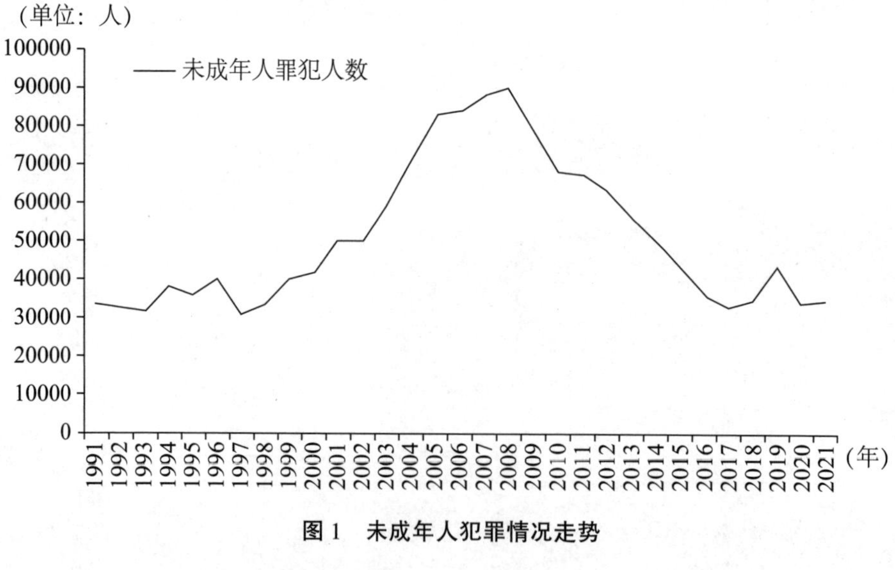

图 1　未成年人犯罪情况走势

2021 年判处的未成年人罪犯人数占全部刑事罪犯的 2.02%，同比下降 0.19 个百分点。

二、未成年人犯罪基本特点

未成年人犯罪案件类型集中，以侵财犯罪和暴力犯罪为主。2021 年人民法院共判处未成年人抢劫罪犯 4259 人，盗窃罪犯 6294 人，同比分别上升 7.93%和 0.24%；判处故意杀人罪犯 254 人，同比上升 14.93%，故意伤害罪犯 2334 人，同比下降 11.62%。占未成年人犯罪比例较高的类型是盗窃（18.18%）、强奸罪（14.39%）、抢劫罪（12.30%）、聚众斗殴罪（10.39%）、寻衅滋事罪（9.85%），共占未成年人罪犯总数的 65.11%（见表 1）。

表 1　2021 年未成年人罪犯类型分布情况

罪名	人数（人）	同比	占比
盗窃罪	6294	0.24%	18.18%
强奸罪	4981	35.39%	14.39%
抢劫罪	4259	7.93%	12.30%
聚众斗殴罪	3597	-19.51%	10.39%
寻衅滋事罪	3408	-19.03%	9.85%
故意伤害罪	2334	-11.62%	6.74%
诈骗罪	1964	-7.40%	5.67%
走私、贩卖、运输、制造毒品罪	465	-4.32%	1.34%
故意杀人罪	254	14.93%	0.73%
敲诈勒索罪	189	-37.83%	0.55%

未成年人罪犯受教育程度低，初中及以下文化水平的未成年人罪犯占全部未成年人罪犯的 82.93%；83.70%的未成年人罪犯处于 16~17 周

岁年龄段；从身份情况来看，农民①和无业人员等无固定收入或低收入人群所占比例较大，分别为15.75%和34.57%；在2021年判处的未成年人罪犯中，女性罪犯占7.55%（见表2）。

表2 2021年未成年人罪犯身份情况

身份	人数（人）	比例
职员	161	0.47%
工人	702	2.03%
农民	5452	15.75%
学生	4664	13.47%
自由职业者	61	0.18%
无业人员	11967	34.57%
其他	11609	33.54%

2021年人民法院共判处学生罪犯（含成年学生）9551人，占全部罪犯的0.56%；判处未成年人学生罪犯4664人，占全部未成年人罪犯的13.47%，占全部学生罪犯的48.83%。

在作案形式上，共同犯罪、结伙作案占有较大比例。2021年未成年人共同或集团犯罪人数为12432人，占未成年人罪犯的35.91%。

在2021年判处的未成年罪犯中，被处以五年以上徒刑等重刑的4015人，占11.60%，判处非监禁刑（含免罚）的6821人，占19.70%，其中适用缓刑的比例为19.03%（见表3）。

① 实际上，统计为农民身份的未成年人大多是在城市务工的流动人员，有时也处于无业、闲散状态。

表3　2021年未成年人犯罪予以刑事处罚情况

刑罚	人数（人）	比例
免予刑事处罚	118	0.34%
五年以上至无期徒刑	4015	11.60%
超过三年不满五年	2242	6.48%
一年以上三年以下	13001	37.56%
不满一年	6662	19.25%
拘役	1875	5.42%
有期徒刑、拘役缓刑	6589	19.03%
管制	55	0.16%
单处附加刑	59	0.17%

2023年中国审判指导丛书征订单

《中国审判指导丛书》——各级人民法院审判工作权威参考指导用书							
代号	书　　名	全年辑数	定价	邮费	合计	订购份数	合计
202319	《刑事审判参考》	六辑	408.00	61.20	469.20		
202310	《民事审判指导与参考》	四辑	272.00	40.80	312.80		
202311	《商事审判指导》	两辑	136.00	20.40	156.40		
202312	《立案工作指导》	两辑	136.00	20.40	156.40		
202313	《审判监督指导》	两辑	136.00	20.40	156.40		
202314	《知识产权审判指导》	两辑	136.00	20.40	156.40		
202315	《涉外商事海事审判指导》	两辑	136.00	20.40	156.40		
202316	《中国少年司法》	四辑	272.00	40.80	312.80		
202317	《执行工作指导》	四辑	272.00	40.80	312.80		
202318	《国家赔偿与司法救助办案指导》	两辑	136.00	20.40	156.40		
202324	《行政执法与行政审判》	六辑	408.00	61.20	469.20		
合计总额：¥		万　仟　佰　拾　元　角　分					

银行汇款方式：

开户行：工行北京国家文化与金融合作示范区金街支行

户　名：人民法院出版社有限公司

账　号：0200000709004606170

邮局汇款方式：

邮　编：100745

地　址：北京市东城区东交民巷27号

单　位：人民法院出版社有限公司

订购单位（含详细地址）					
纳税人识别号			电子邮箱		
邮编		联系人		联系电话	
汇款单位（人）				汇款日期	

人民法院出版社工作总站联系人：

靖存锴　010-67550595/18601032892（微信同号）

王玺佳　010-67550536/18601031761（微信同号）

请填写完整后发传真至010-67550541或拍照发邮件至fysgzzz@163.com

中国审判指导丛书

——各级人民法院审判工作权威参考指导用书

《刑事审判参考》：最高人民法院刑事审判第一庭、第二庭、第三庭、第四庭、第五庭共同主办。自2021年起，丛书由人民法院出版社出版发行，作为《中国审判指导丛书》的重要组成部分。丛书自1999年4月创办以来，秉承立足实践、突出实用、重在指导、体现权威的编辑宗旨，在编辑委员会成员、作者和读者的共同努力下，密切联系刑事司法实践，为刑事司法人员提供了有针对性和权威性的业务指导和参考，受到刑事司法工作人员和刑事法律教学、研究人员的广泛欢迎。丛书主要收录指导案例、刑事司法规范及其理解与适用、刑事政策及其解读、理论前沿、实务探讨、编辑部答疑、经验交流、疑案争鸣等内容。2021年，作者将对丛书的体例、栏目设置及相关内容等进行完善和提升，力求以全新的面貌将更权威、实用的内容展现给读者。全年6辑，每辑68.00元，共408.00元。

《民事审判指导与参考》：最高人民法院民事审判第一庭编。丛书收录最高人民法院关于民事审判工作的司法解释及其理解与适用、指导意见和最新政策精神及其解读、民事审判会议纪要、最高人民法院典型案例评析、示范性裁判文书、实务研讨、理论研究、各地方法院经验交流等内容，旨在传播最高人民法院和地方各级人民法院的优秀民事审判工作经验，对最新疑难经典案例进行探讨与解析，提供审判实践中解决疑难问题的思路，是最高人民法院民事审判第一庭履行对下指导职责的工作平台。全年4辑，每辑68.00元，共272.00元。

《商事审判指导》：最高人民法院民事审判第二庭编。丛书刊登最高人民法院关于商事审判工作的指导意见、司法解释及其理解与适用、典型案例评析文章、示范性裁判文书、地方实务调研成果、理论研究文章等。丛书对各级人民法院商事审判工作具有重要指导作用和参考价值。全年2辑，每辑68.00元，共136.00元。

《立案工作指导》：最高人民法院立案庭编。丛书主要收录有关立案的司法解释理解与适用、各级人民法院立案工作的实践经验、调研报告和案例评析等。丛书对各级人民法院立案工作具有重要指导作用和参考价值。全年2辑，每辑68.00元，共136.00元。

《审判监督指导》：最高人民法院审判监督庭编。丛书主要收录关于审判监督工作的司法解释及其理解与适用、最新的政策与精神及其解读、最高人民法院案例评注、典型案例、会议纪要、优秀裁判文书、业务交流等内容。另外，还设置了审监信箱，回应全国法院审判监督工作中的疑难问题。丛书对各级人民法院审判监督工作具有重要指导作用和参考价值。全年 4 辑，每辑 68.00 元，共 272.00 元。

《知识产权审判指导》：最高人民法院民事审判第三庭编。丛书主要内容包括知识产权审判政策与精神、司法解释理解与适用、调研报告和案例评析，以及反映知识产权审判动态的专题论述和优秀裁判文书等。丛书对各级人民法院知识产权审判工作具有重要指导作用和参考价值。全年 2 辑，每辑 68.00 元，共 136.00 元。

《涉外商事海事审判指导》：最高人民法院民事审判第四庭编。丛书收录当年出台的司法解释、司法指导性文件以及涉外商事案件相关问题的批复和案例评析，重点收录最高人民法院对高级人民法院有关国际商事仲裁裁决司法审查法律问题请示的复函，并附有高级人民法院的请示。丛书对各级人民法院涉外商事海事审判工作具有重要指导作用和参考价值。全年 2 辑，每辑 68.00 元，共 136.00 元。

《中国少年司法》：最高人民法院少年法庭指导小组编。丛书设置了有关少年司法工作的政策与精神、法官论坛、改革与探索、理论与实务研究、典型案例、裁判文书以及规范性文件等栏目。丛书的出版，旨在切实加强对少年司法工作相关问题的研究、加强对全国少年法庭工作的指导、强化相关方面的调查研究和理论探讨。丛书对各级人民法院少年审判工作、相关政法部门少年司法执法工作和有关社会组织的未成年人权益保护工作，都有重要的指导作用。全年 4 辑，每辑 68.00 元，共 272.00 元。

《执行工作指导》：最高人民法院执行局编。丛书对我国目前执行工作中的重点、热点和难点问题，从不同角度进行理论研究和实践经验的提炼与总结；同时，丛书紧紧围绕最高人民法院执行工作大局，紧密结合执行工作理论与实践，为全国广大法官以及其他法律职业者提供及时、权威的执行工作业务指导和参考，对正确理解相关规定、统一执法标准和破解执行难问题具有重要指导作用。全年 4 辑，每辑 68.00 元，共 272.00 元。

《国家赔偿与司法救助办案指导》：最高人民法院赔偿委员会办公室编。编委会成员分别由全国人大法工委国家法室、最高人民法院赔偿委员会办公室、最高人民检察院刑事申诉检察厅、公安部法制局、司法部法制司、财政部条法司等部委工作人员组成，收录了国家赔偿与司法救助相关的政策、法律法规、司法解释及其理解与适用，有普遍指导意义的请示案件及其答复，重大新型疑难案例评析，国家赔偿理论与实务研究，国家赔偿工作调研报告，地方国家赔偿工作动态等内容，集中反映最高人民法院、最高人民检察院等单位对于国家赔偿工作重要政策、观点、理论研究和实践指导的意见，对国家赔偿与司法救助工作具有重要的指导作用和参考价值。全年 2 辑，每辑 68.00 元，共 136.00 元。